A ARTE DE ENCANTAR CLIENTES

CARO LEITOR,

Queremos saber sua opinião sobre nossos livros.
Após a leitura, curta-nos no facebook.com/editoragentebr,
siga-nos no Twitter @EditoraGente,
no Instagram @editoragente
e visite-nos no site www.editoragente.com.br.
Cadastre-se e contribua com sugestões, críticas ou elogios.

Boa leitura!

ERIK PENNA

A ARTE DE ENCANTAR CLIENTES

5 PASSOS
PARA ATENDER COM EXCELÊNCIA
E IMPULSIONAR OS NEGÓCIOS

Diretora
Rosely Boschini

Gerente Editorial
Rosângela de Araujo Pinheiro Barbosa

Editor Assistente
Alexandre Nuns

Assistentes Editoriais
Giulia Molina e Rafaella Carrilho

Controle de Produção
Fábio Esteves

Preparação
Amanda Oliveira

Capa
Vanessa Lima

Ilustrações
Rodrigo Cardoso

Projeto Gráfico e Diagramação
Vivian Oliveira

Revisão
Sol Coelho e Carolina Forin

Impressão
Edições Loyola

Copyright © 2021 by Erik Penna
Todos os direitos desta edição
são reservados à Editora Gente.
Rua Natingui, 379 – Vila Madalena
São Paulo, SP– CEP 05443-000
Telefone: (11) 3670-2500
Site: www.editoragente.com.br
E-mail: gente@editoragente.com.br

Dados Internacionais de Catalogação na Publicação (CIP)
Angélica Ilacqua CRB-8/7057

Penna, Erik
    A arte de encantar clientes: 5 passos para atender com excelência
e impulsionar os negócios / Erik Penna. – São Paulo: Editora Gente,
2021.
    192 p.

    ISBN 978-65-5544-136-9

    1. Empreendedorismo 2. Negócios I. Título

21-2644   CDD 658.3

Índice para catálogo sistemático
1. Empreendedorismo

NOTA DA PUBLISHER

Erik é uma pessoa que tem uma energia contagiante, de alguém que é apaixonado pelo que faz. É admirável sua missão de ajudar os 18 milhões de micro e pequenos empresários e empreendedores brasileiros a decolarem nos negócios em mercados cada vez mais competitivos.

Eu já conhecia o Erik Penna em sua atuação no programa televisivo *É de casa*, mas foi o Dennis Penna, seu irmão e fundador da Polo Palestrantes, uma das principais agências de palestrantes do Brasil, quem nos conectou. Logo percebi que o Erik tinha um grande potencial e foi na Imersão Best-Seller, programa que desenvolvo para preparar novos autores que sonham em escrever livros de alto impacto para seus leitores e o mercado, que pude conhecê-lo melhor e descobrir sua linda trajetória, cujos grandes aprendizados estão materializados neste livro.

Tenho muito orgulho da obra que Erik construiu, aqui ele oferece uma metodologia para que você tenha as estratégias para implementar um atendimento de excelência focado em transformar o cliente na maior estrela da sua empresa. E cliente feliz, você sabe, torna-se fã e se compromete com a sua bandeira.

Neste livro você encontrará um método fácil e prático para que seus clientes voltem sempre e você faça seu negócio crescer com resultados consistentes. Mas, não se esqueça: mais do que vender, o papel de qualquer negócio é contribuir para tornar o mundo melhor. E tenho certeza de que as próximas páginas o ajudarão a impulsionar sua missão e fazer do seu atendimento uma grande vantagem competitiva.

Boa leitura!

Rosely Boschini
CEO e publisher da Editora Gente

Dedico a Fabiana, Mariana e Juliana,
as minhas joias mais preciosas.

AGRADECIMENTOS

A Deus, pela saúde e sabedoria.

Ao meu saudoso pai e à minha preciosa mãe,
pelo exemplo, dedicação, apoio e formação.

Ao meu irmão Dennis,
pela parceria, pelas sábias palavras e ainda por ter
me incentivado a participar do curso Imersão BestSeller,
capitaneado pela Rosely Boschini.

À Rosely, à Rosângela e a toda equipe da Editora Gente,
que são gênios na arte de inspirar autores
e transformar vidas.

E aos clientes, empreendedores,
seguidores e participantes das minhas
palestras por todo Brasil.

Só cheguei até aqui graças a vocês.

introdução 12

capítulo 01
UM GRANDE SONHO 16

capítulo 02
ATUAÇÃO OPERACIONAL
× GESTÃO ESTRATÉGICA 34

capítulo 03
ATENDIMENTO ENCANTADOR 50

capítulo 04
SELECIONAR AS
PESSOAS CERTAS 66

capítulo 05
TREINAR A EQUIPE INVESTINDO
QUASE NADA 86

capítulo 06
AVALIAR O DESEMPENHO DA
EQUIPE DE ATENDIMENTO 110

SUMÁRIO

capítulo 07
RECONHECER PARA
ENGAJAR TODO O PESSOAL

130

capítulo 08
SURPREENDER CLIENTES

148

capítulo 09
O PODER DO ENCANTAMENTO

166

capítulo 10
DECOLANDO NOS
NEGÓCIOS E NA VIDA

180

referências bibliográficas

189

introdução

Um dos maiores sonhos do brasileiro é ter o próprio negócio, no entanto, estudos realizados pela Endeavor[1], Sebrae[2] e World Business Angels Investment Forum[3] enfatizam três aspectos desafiadores nessa jornada empreendedora:

- **PRIMEIRO**: O sonho é grande, mas a grana é curta;
- **SEGUNDO**: Só dedicação não dá resultados;
- **TERCEIRO**: Ter um produto bom é uma coisa, vender e encantar é outra.

E, infelizmente, o sonho tem se transformado em um grande pesadelo para muitos empreendedores, principalmente em função da não observância de alguns pontos cruciais para o pleno funcionamento de um negócio. Às vezes, a dificuldade é a falta de clientes, já em outras oportunidades, o freguês até aparece, mas recebe um atendimento indiferente que depõe contra a empresa e nunca mais volta. E o pior,

---

1 OS 5 maiores desafios dos empreendedores. **Endeavor**, 2021. Disponível em: https://endeavor.org.br/ambiente/5-desafios-empreendedores-pesquisa/. Acesso em: 13 jul. 2021.

2 SEBRAE. **Quais os problemas mais comuns ao iniciar um negócio?.** Disponível em: https://www.sebrae.com.br/sites/PortalSebrae/artigos/quais-os-problemas-mais-comuns-ao-iniciar-um-negocio,9ac2312905e27510VgnVCM1000004c00210aRCRD. Acesso em: 13 jul. 2021.

3 STACHEWSKI, A. L. Como a pandemia afetou os negócios e a vida de empreendedoras pelo mundo. **Pequenas Empresas & Grandes Negócios**, 13 out. 2020. Disponível em: https://revistapegn.globo.com/Mulheres-empreendedoras/noticia/2020/10/como-pandemia-afetou-os-negocios-e-vida-de-empreendedoras-pelo-mundo.html. Acesso em: 13 jul. 2021.

muitas vezes, esse consumidor começa a falar sobre a experiência negativa, seja para familiares, colegas e até nas redes sociais.

Entre os principais entraves para se implementar a cultura de encantamento e o atendimento de excelência estão a seleção inadequada das equipes, treinamentos inexistentes ou ineficazes, ausência de indicadores avaliativos e falta de reconhecimento por boas práticas, o que resulta em equipes desmotivadas e despreparadas, gerando uma jornada de consumo que não surpreende ou, pior, é repleta de atritos.

Mas como implantar uma cultura de encantamento e oferecer um atendimento cinco estrelas? A resposta é simples: implantando o método S.T.A.R.S.

S.T.A.R.S. é um método empreendedor de fácil implementação nas empresas e consiste em cinco passos que guiarão o leitor em como, onde, quando, por quê e o que fazer para obter resultados efetivos na empresa:

- **Passo 1 – Selecionar:** Apresentar os pontos-chave na escolha do perfil ideal das pessoas que irão compor seu time, afinal a equipe é o cartão de visitas da organização. E, ainda, orientar como integrar esses colaboradores para que realmente possam vestir a camisa e estar conectados com os valores e objetivos da empresa.

- **Passo 2 – Treinar:** Explicar como e quem devemos capacitar, detalhando os principais conteúdos que devem ser utilizados na qualificação. Se algum dia você achou difícil treinar seu pessoal ou se pensa que esse processo pode custar muito caro, aqui irá descobrir dez formas para treinar equipes a custo zero.

- **Passo 3 – Avaliar:** Demonstrar formas simples, práticas e de baixo custo para avaliar constantemente o pessoal. Aplicadas de maneira interessante e rápida, essas técnicas contribuem para maximizar a performance de cada um e impulsionar as vendas e os resultados, afinal, se você não mensura, não consegue uma gestão notável.

- **Passo 4 – Reconhecer:** Mostrar como o reconhecimento é um dos principais fatores de engajamento dos clientes internos e como um elogio merecido e verdadeiro pode impactar sensivelmente o desempenho das equipes, mostrando que essa prática, se bem aplicada, pode resultar em uma força propulsora incrível para o empreendimento.

- **PASSO 5 – SURPREENDER:** Expor diversas formas com as quais o pequeno e médio empreendedor pode facilmente surpreender e fidelizar o consumidor, investindo nada ou pouquíssimos recursos financeiros. Com essa estratégia, será fácil aplicar o método e compreender que, quando o atendimento encanta, não é preciso esforço para vender, o cliente compra!

Atender com excelência é uma grande vantagem competitiva, mas não pode ser uma prática isolada: deve ser uma cultura a ser vivenciada diariamente por todas as áreas da empresa. Por isso, irei revelar quais ações podem ser tomadas para impulsionar o encantamento e como isso poderá fazer seu negócio decolar. Atitudes que proporcionam uma experiência encantadora e surpreendente transformam simples consumidores em embaixadores da marca e multiplicadores do negócio.

Não espere um livro cheio de teorias e casos de empresas gigantescas; esta obra está recheada de exemplos práticos e casos reais ligados ao cotidiano das micro e pequenas empresas brasileiras, repleto de ideias inspiradoras para empreendedores que buscam agregar valor a um produto ou serviço, transformando o atendimento em um grande diferencial para potencializar resultados e fazer decolar os negócios.

Sua caminhada pode ser de 100 quilômetros, mas, a partir do momento que você der o primeiro passo na direção certa, a distância diminui.

Não adie sua conquista, uma maratona começa com o primeiro passo!

Mais do que uma empresa de sucesso, você merece uma vida abundante. Vamos juntos!

Um grande sonho

capítulo 01

Alana e Zaíra são amigas inseparáveis, confidentes, conselheiras, conversam sobre tudo, de A a Z. Alana nunca escondeu da colega que abrir o próprio negócio foi a realização de um grande sonho e que esse processo, até hoje, simboliza sua liberdade e o seu desejo de mudar o mundo.

Mas Alana vive reclamando que os negócios não prosperam como o imaginado, sente que está enxugando gelo e diz que se esforça bastante, mas que nunca é o suficiente para a empresa decolar. Zaíra, que não é empreendedora, ouve as lamentações da amiga, mas não sabe muito bem o que dizer ou como ajudar.

Certa noite, elas conversam ao telefone e acertam um encontro para um café da manhã no dia seguinte como forma de comemorar o aniversário de 45 anos de Zaíra. Às 8 horas da manhã, Alana bate à porta da aniversariante, dá um grande abraço na amiga, entre uma xícara e outra de café, vão rindo e papeando.

Em dado momento, Zaíra conta que havia sonhado com a amiga a noite inteira. Alana se interessa e pede para que ela conte tudo nos mínimos detalhes. Zaíra relata que, no sonho, Alana parecia estar em meio a uma multidão, percorrendo um caminho difícil e cansativo, e que o trajeto era nebuloso e cheio de obstáculos. O mais interessante, conta Zaíra, é que, ao fim do percurso, havia uma fila enorme, e os indivíduos que ultrapassavam um determinado ponto eram aplaudidos, recebiam um maravilhoso troféu e vibravam, felizes da vida.

Alana se interessa pela história, toma mais um gole de café e pede para que a amiga conclua a descrição do sonho. Zaíra, então, conta que algo estranho acontecia: Alana permanecia caminhando e esperando um bom tempo na fila, mas, quando estava em segundo lugar, bem próxima da linha de chegada para receber a recompensa, simplesmente saía da fila, abandonando o caminho e indo embora sem receber o seu prêmio.

Alana fica inconformada e pergunta:

— Amiga, mas por que será que eu, mesmo estando tão perto da vitória, saí da fila e não aguardei pelo troféu?

Zaíra declara que não sabe responder essa questão e que a última coisa que consegue lembrar do sonho é que o rapaz que estava na frente de Alana na fila segurava um livro e um bloco de anotações quando recebeu o troféu.

Alana olha para o relógio, percebe que está atrasada para a reunião na empresa, se despede da amiga e parte, ainda pensando sobre a conversa.

No dia seguinte, Alana telefona radiante para Zaíra e diz:

— Amiga, ontem foi seu aniversário, mas quem ganhou o presente fui eu.

Zaíra não entende bem e pergunta:

— Como assim?

— Seu sonho foi um grande aviso, um recado para minha caminhada empreendedora. Um sinal para eu ser mais persistente e não abandonar a fila agora que já caminhei tanto. Posso estar realmente em segundo lugar ou bem perto da minha vitória, e não é hora de esmorecer. Descansar, sim. Desistir, jamais — ela respondeu. — Refleti bastante e hoje cheguei diferente e mais entusiasmada na empresa. Decidi que não irei abdicar do meu troféu e, em vez disso, vou buscar novos conhecimentos, repensar minhas metas, montar um novo plano de ação e encontrar um diferencial para o meu negócio. A partir de agora, vou transformar lamentação em atitude, dificuldade em oportunidade, esforço em vitória e sonho em realidade! — completou, radiante.

Empreender é o sonho de muitos brasileiros

Você sabia que possuir um negócio próprio é um dos maiores sonhos do brasileiro? Sim, empreender já é o desejo de boa parte da população, como mostram os resultados da pesquisa Global Entrepreneurship Monitor (GEM) de 2019, realizada em parceria com o Serviço Brasileiro de Apoio às Micro e Pequenas Empresas (Sebrae).[4] A maioria daqueles que têm uma visão empreendedora carrega consigo um sonho enorme, mas, ao mesmo tempo, esbarra em um entrave: conta com pouco dinheiro para investir em seus projetos.

Ter o próprio negócio aparece como o quarto maior anseio do brasileiro, ficando atrás apenas de viajar pelo país, ter a casa própria e comprar um carro. Repare que a vontade de empreender é tanta que figura à frente de sonhos como viajar para o exterior, ter um diploma de ensino superior e trabalhar no setor privado.

Esse é um dos sinais que mostram como o pensamento dos brasileiros em relação à vida e até mesmo à sua trajetória profissional tem mudado nos últimos anos. No passado, o grande objetivo profissional era trilhar uma carreira de sucesso dentro de uma grande empresa ou conquistar estabilidade por meio de um cargo público concursado. Atualmente, ser empreendedor é a bola da vez no coração do povo canarinho, como reforça a pesquisa Amway Global Entrepreneurship Report (AGER), realizada pela Universidade Técnica de Munique (TUM) e validada pela Fundação Getulio Vargas (FGV), ao indicar que 56% dos brasileiros desejam empreender, sendo que 74% são jovens entre 18 e 35 anos.[5]

No entanto, muitas pessoas almejam ser donas de uma empresa imaginando que, dessa forma, não terão patrão, trabalharão bem menos,

---

4 BRASIL deve atingir marca histórica de empreendedorismo em 2020. **Agência Sebrae de Notícias**, 10 jun. 2020. Disponível em: http://www.agenciasebrae.com.br/sites/asn/uf/NA/brasil-deve-atingir-marca-historica-de-empreendedorismo-em-2020,d9c76d10f3e92710VgnVCM1000004c00210aRCRD. Acesso em: 3 jul. 2021.

5 PESQUISA revela que 74% dos brasileiros jovens desejam empreender. **ABEVD**, 2 jul. 2018. Disponível em: https://www.abevd.org.br/pesquisa-revela-que-74-dos-brasileiros-jovens-desejam-empreender-2/. Acesso em: 3 jul. 2021.

terão uma vida tranquila e ganharão muito mais dinheiro do que como funcionário de uma empresa. A questão é que, principalmente no início do empreendimento, não é bem assim que as coisas acontecem.

Vale alertar principalmente os desavisados e aqueles que imaginam um cenário empreendedor de vida fácil: o proprietário, sobretudo no começo da empresa, trabalha muito mais horas do que os funcionários. E, mesmo sendo o dono do negócio, sempre terá um patrão: o cliente. E olha que o chefe tradicional até pode desculpar e fazer vistas grossas para algumas falhas do colaborador. O cliente não costuma perdoar.

"Empreendedor não é um título de trabalho,
é um estado de espírito de quem deseja mudar o futuro."

Guy Kawasaki[6]

Empreendendo por oportunidade ou necessidade

O empreendedorismo por oportunidade acontece quando um indivíduo inicia o negócio depois de ter planejado, realizado pesquisas acerca do seu produto ou serviço e identificado uma grande oportunidade para atuar em determinado segmento ou nicho de mercado. Após toda essa preparação, ele toma a decisão de empreender.

Já o empreendedorismo por necessidade acontece quando alguém resolve abrir um negócio como forma de gerar renda e pagar as contas, sem muito planejamento e um longo estudo sobre o produto, o mercado ou a concorrência.

A pesquisa GEM[7] mostra essa dinâmica no país e apresenta boas notícias: até o ano de 2002, predominava no Brasil a abertura de negócio por necessidade. Em 2003, a curva inverteu, e o brasileiro passou a

---

6 KAWASAKI , G. **Quotefancy** , 2021. Disponível em: https://quotefancy.com/quote/ 1266288/Guy-Kawasaki-Entrepreneur-is-not-a-job-title-It-is-a-state-of-mind-of-people- who-want-to. Acesso em: 13 jul. 2021.

7 GLOBAL Entrepreneurship Monitor. **Empreendedorismo no Brasil: 2016**. Curitiba: IBPQ, 2017. Disponível em: https://www.sebrae.com.br/Sebrae/Portal%20Sebrae/Anexos/ GEM%20Nacional%20-%20web.pdf. Acesso em: 3 jul. 2021.

empreender após descobrir oportunidades, garantindo, assim, tempo de planejamento para o negócio.

Desde então, o empreendedorismo no Brasil não para de crescer. Só em 2020 foram criados no país mais de 2,6 milhões de registros de microempreendedores individuais (MEIs), ultrapassando, no fim do mesmo ano, a marca de 11 milhões de empresas MEI no país,[8] conforme dados do portal do empreendedor.[9]

Empreender: sonho ou pesadelo?

Embora esses números sejam animadores, ao abrir um empreendimento, o cuidado com as finanças precisa ser redobrado para que o sonho não vire pesadelo. É triste saber que, segundo o Instituto Brasileiro de Geografia e Estatística (IBGE), seis em cada dez empresas abertas no Brasil em 2012 encerraram atividades em cinco anos. E pasme, isso não ocorre só aqui; nos Estados Unidos, esse dado é ainda mais negativo: lá, 80% das empresas fecham antes de completarem cinco anos de atividade.[10]

Esses números assustam e nos fazem questionar a estrutura da educação formal, que faz nos aprofundarmos demasiadamente em assuntos e disciplinas que provavelmente não usaremos no nosso futuro profissional, apenas focando a teoria e servindo de ferramenta para entrarmos na faculdade, e que não incentiva a educação empreendedora, que, além de ser útil para a administração e construção de um negócio,

---

8 BRASIL atinge a marca de 11 milhões de MEIs; benefícios oferecidos estão entre os atrativos. **FDR**, 11 nov. 2020. Disponível em: https://fdr.com.br/2020/11/11/brasil-atinge-marca-de-11-milhoes-de-meis-beneficios-oferecidos-estao-entre-os-atrativos/. Acesso em: 3 jul. 2021.

9 Números referentes a novembro de 2020. Os dados sobre a quantidade de optantes pelo regime de tributação Simples Nacional podem ser consultados a partir do link: http://www8.receita.fazenda.gov.br/simplesnacional/aplicacoes/atbhe/estatisticassinac.app/Estatisticas OptantesPorDataMunicipio.aspx?tipoConsulta=2&optanteSimei=1&anoConsulta=MjAyM A%3d%3d. Acesso em: 3 jul. 2021.

10 PERET, E. Seis em cada dez empresas abertas em 2012 encerraram atividades em cinco anos. **Agência IBGE Notícias**, 25 out. 2019. Disponível em: https://agenciadenoticias.ibge.gov.br/agencia-noticias/2012-agencia-de-noticias/noticias/25739-seis-em-cada-dez-empresas-abertas-em-2012-encerraram-atividades-em-cinco-anos. Acesso em: 3 jul. 2021.

estimula o pensamento crítico, a educação financeira e fornece conhecimentos práticos fundamentais para o futuro. Já imaginou como seria sensacional ver crianças e adolescentes que podem estimular a criatividade e a cultura da inovação, descobrir sua aptidão profissional, estudar casos práticos de negócios, aprender com erros e acertos de outros empreendedores, ser incentivados a pensar fora da caixa e a identificar oportunidades, tudo isso dentro de uma sala de aula? Quantos equívocos empresariais – e profissionais! – poderiam ser evitados?

Uma atitude errônea comum, despercebida por muitos e cometida por inúmeros empresários pode estar na personalidade do empreendedor, algo que, com a educação empreendedora, seria facilmente identificado e corrigido, já que ela estimula o autoconhecimento.

E por que os pequenos negócios quebram?

Um estudo da EMyth Worldwide, publicado no livro *O mito do empreendedor*, de Michael Gerber,[II] chegou à conclusão de que uma das principais razões para que a maioria das empresas fechem as portas é a briga entre as personalidades existentes dentro do próprio empresário. Segundo Gerber, há três tipos de personalidades dentro de cada pessoa que abre um negócio, e o atrito entre elas é o principal culpado para a falta de prosperidade. São elas:

- **TÉCNICA:** é aquele perfil que sabe colocar a mão na massa, gosta de fazer, representa 70% do perfil do empreendedor novato. Caracteriza-se por viver o presente, desconfia de ideias ambiciosas, é focado na realização e, por isso, acha que ninguém realiza uma tarefa tão bem como ele. Desta forma, defende a bandeira: "Se quer bem-feito, faça você mesmo". Um erro muito comum do perfil técnico é pensar que, quando deixar de ser empregado e abrir um negócio, vai continuar fazendo a mesma coisa, ganhando mais e com maior liberdade.

II GERBER, M. **O mito do empreendedor**. São Paulo: Fundamento, 2011.

- **ADMINISTRADORA:** é o perfil pragmático, que adora planejar. Vive no passado, afinal, aprende com os erros para se organizar melhor a cada dia. É daquele tipo que primeiro precisa conhecer a casa para só depois pensar em morar nela. Geralmente, representa 20% do perfil de empreendedores. Sua bandeira é: "Se eu não planejar as coisas, nada de bom vai acontecer".
- **EMPREENDEDORA:** é o perfil sonhador, visionário e catalisador da mudança que representa 10% do perfil empresarial. Caracteriza-se pela criatividade e sempre surge com ideias para inovar e transformar continuamente sonho em realidade. Vive no futuro e é do tipo que termina de construir uma casa e já pensa na próxima. Sua bandeira é: "Se não for eu, ninguém cria nada".

Como sugerido por Gerber em sua obra, imagine agora um encontro dessas três personalidades na resolução dos problemas da empresa: o perfil empreendedor já chega falando que tem uma brilhante ideia. O administrador então retruca: "Ah, não, nem terminei de planejar a primeira ideia e você já aparece com outra?! Pode esperar para nos organizarmos direito". E, enquanto os dois estão discutindo, o técnico aproveita para sair de fininho e já começar a colocar a mão na massa.

Por falar em mão na massa, outro fator preocupante e comum são negócios que começam focados apenas na produção, ou seja, o indivíduo começa a produzir algo em casa e já vislumbra que, ao conseguir vender os itens, o lucro irá aparecer e rapidamente o empreendimento irá crescer. Será?

Responda para si mesmo: sua empresa é voltada somente para o dono, focada na produção ou está orientada para o cliente?

Produzir é uma coisa, vender é outra

Uma das maiores missões para se perpetuar uma empresa está justamente na conquista e manutenção dos clientes.

Diversas empresas começam quando o empreendedor elabora, constrói ou produz algum produto em casa e passa a comercializá-lo, criando um negócio. Ou seja, a empresa é inicialmente pensada com o olhar da produção e, em várias situações, não se planeja nem se detalha como será a comercialização. E, por mais que seja um excelente item para venda, se não houver clientes, o empreendimento não irá prosperar.

O cabeleileiro, por exemplo, abre um salão e foca o seu tempo em cortar cabelos. A senhora que produz bolos tem seu tempo focado em cozinhar e preparar uma delícia de quitute. Em ambos os casos, a atenção fica voltada apenas para o operacional, para o fazer e produzir, e, em geral, não sobra tempo para pensar o negócio como um todo.

Uma pesquisa realizada em 2019 pelo Sebrae apontou que uma das maiores dificuldades do empresário é conquistar clientes e aumentar as vendas.[12]

Algumas vezes, faltam clientes, em outras, o consumidor aparece, mas a venda não é fechada, desperdiçada pelo empreendedor ou por algum integrante da equipe. E isso pode comprometer o resultado.

A venda e o atendimento ao cliente são tão relevantes para o sucesso ou fracasso de um estabelecimento quanto o produto. Este livro abordará as principais práticas que o empreendedor deve focar para implementar um atendimento de excelência na sua organização para, a partir daí, conseguir potencializar as vendas, encantar clientes e decolar nos negócios.

Uma jornada repleta de fricções

Como mencionei anteriormente, quando montamos um negócio focando a produção, o cliente pode até chegar ao nosso empreendimento, mas, se o atendimento deixa a desejar, o consumidor nunca mais volta. E o pior, fala sobre a experiência negativa com outras pessoas.

Até atitudes encaradas como equívocos simples podem ser fatais para esse relacionamento, principalmente para o pequeno ou médio empreendimento.

---

[12] CONQUISTAR clientes e vender mais é a principal dificuldade do dono de pequenos negócios. **Agência Sebrae de Notícias**, 14 out. 2019. Disponível em: https://www.agenciasebrae.com.br/sites/asn/uf/NA/conquistar-clientes-e-vender-mais-e-a-principal-dificuldade-do-dono-de-pequenos-negocios,eaa7aafb28ebd610VgnVCM1000004c00210aRCRD. Acesso em: 3 jul. 2021.

Certa vez, Fabiana, minha esposa, foi fazer as unhas em um salão de beleza e notou que, logo após a dona do salão sair para almoçar, uma manicure começou a reclamar para a colega sobre o número de horas que já haviam trabalhado naquele dia, da falta de folga naquela semana, e chegaram ao ponto de fazer algumas fofocas sobre a vida pessoal da proprietária. Vejam que situação delicada e desagradável para a cliente.

Já em outra situação, a ração do nosso cachorro acabou, e eu fiz contato com o pet shop por um aplicativo de mensagens às 8 horas da manhã. Iniciei a conversa com um bom-dia, me apresentei e perguntei se podiam entregar a ração o quanto antes. Somente por volta das 16 horas, recebi a resposta do pet shop com a seguinte mensagem: "Fala aí. Ainda tá precisando da ração?".

Não sei qual foi a pior parte dessa fricção no atendimento: se foram as oito horas que levaram para responder um chamado do cliente ou se foi a tratativa tão direta, grosseira e amadora.

Repare que, nos dois casos, a empresa teve que investir para ficar conhecida, divulgar o seu produto ou serviço, para só então o cliente se interessar, fazer contato ou se deslocar até o ponto comercial. Tudo isso para um desfecho decepcionante: ao invés de criar uma experiência positiva, gerou uma jornada conturbada, cheia de atritos e cujo proprietário, sem saber o motivo, provavelmente nunca mais verá o cliente retornar ao seu estabelecimento.

Em alguns casos, o cliente reclama imediatamente, e, quando isso acontece, o empreendedor deve dar graças a Deus, pois assim terá a oportunidade de melhorar processos. O pior acontece quando o cliente – como Fabiana, no salão de beleza – vai embora calado e simplesmente nunca mais volta.

"Seus clientes mais insatisfeitos são sua maior fonte de aprendizado."

Bill Gates[13]

---

[13] 11 FRASES de Bill Gates que mostram por que ele é o homem mais rico do mundo. **Pequenas Empresas & Grandes Negócios**, 28 set. 2015. Disponível em: https://revistapegn.globo.com/Dia-a-dia/noticia/2015/09/11-frases-de-bill-gates-que-mostram-por-que-ele-e-o-homem-mais-rico-do-mundo.html. Acesso em: 3 jul. 2021.

A ARTE DE ENCANTAR CLIENTES

Então, a partir de hoje, se o cliente reclamar, agradeça!

Quase ninguém gosta de ouvir reclamação. Mesmo quando a crítica é construtiva, é difícil encará-la como algo proveitoso e positivo. No mundo corporativo, quando se fala em atendimento ao cliente e prestação de serviços, ouvir reclamações é algo relativamente comum, mas o que pode fazer toda a diferença para a organização é a maneira de receber e dar tratamento às queixas.

Pense bem: o que você tem a ganhar enfrentando um cliente insatisfeito ou sendo indiferente à sua queixa? Há pelo menos quatro aspectos altamente benéficos em uma reclamação que devem ser levados em conta:

- Quando um cliente diz para determinada empresa que está insatisfeito com determinado produto ou serviço prestado significa simplesmente que ele deseja fazer alguns ajustes nesse relacionamento. É como um casamento: quando um reclama do outro é porque existe sentimento suficiente para se resgatar e manter a relação;

- Muito pior seria se o cliente tratasse a empresa com indiferença. Quando um cliente está incomodado e não fala nada, no momento mais oportuno, ele migrará, espontaneamente e quietinho, para a concorrência. Ainda fazendo analogia ao casamento, uma reclamação é um sinal de alerta importante para ambos repensarem o relacionamento. Portanto, na maioria das vezes, não há motivo para se ofender com uma crítica, ela pode ser um instrumento excelente para aperfeiçoamento pessoal e profissional;

- Outro aspecto positivo é que a reclamação de um cliente pode servir como consultoria, ainda que involuntária, para a empresa. Na maioria das vezes, ele mostra, de maneira inequívoca, sincera e gratuita, uma série de erros que a empresa vem cometendo sem ao menos se dar conta. Uma consultoria, aliás, cobra caro para dar os mesmos conselhos que o cliente pode dar.

- Caso a empresa não possa atender ao pedido do cliente, deve pelo menos dar atenção à solicitação, garantindo que foi ouvida. Tanto quanto obter soluções, as pessoas desejam ser ouvidas e ter seus pontos de vista respeitados. Saber ouvir o cliente é algo que não implica custo financeiro para a organização e é uma qualidade muito desejada em um profissional, independentemente do setor em que atua.

Portanto, ao ouvir uma crítica, procure todos os aspectos positivos que ela pode trazer. Se você conseguir focar apenas eles, evitando a tendência natural de confrontar o cliente ou esquivar-se do problema, todos saem ganhando – o cliente fica satisfeito ao ser ouvido, a empresa consegue retê-lo, e o profissional aprende que, com boa comunicação, flexibilidade e jogo de cintura, pode transformar um problema em aprendizado, fidelização e melhores resultados.

Muito longe de ser um inimigo, um cliente insatisfeito deve ser considerado fonte de informações valiosas para a melhoria no atendimento e na gestão da empresa.

Antes de vender

Como vimos, um dos primeiros passos em um processo de vendas de sucesso é o bom atendimento. Não adianta querer vender sem antes entender e encantar o cliente. Ao conquistar o consumidor, você ganhará, além de mais vendas, diversos divulgadores do seu trabalho, multiplicadores e vendedores gratuitos para a sua empresa.

Imagine a seguinte situação: Marcos, um executivo de uma multinacional, é transferido e muda de cidade. Logo na primeira semana morando no novo município, é convocado para uma reunião superimportante com a alta direção da empresa.

Ele olha as roupas ainda nas caixas de mudança e sai desesperado pelo bairro em busca de um novo terno para a reunião.

Andou dois quarteirões, avistou um senhor entrando com alguns ternos pendurados em cabides em uma determinada loja e logo entrou atrás. Como ali tinha três ou quatro atendentes, se dirigiu a uma delas e disse que gostaria de comprar um terno. A atendente sorriu, perguntou o nome dele e disse que não tinha nenhum para vender, afinal ali era uma lavanderia. E a história poderia acabar aqui.

Mas essa atendente foi além, superou as expectativas, deu um show. Ela logo disse ao Marcos que poderia ajudá-lo. Pesquisou imediatamente na internet e, em seguida, sugeriu o nome de duas lojas que ficavam próximas dali, informou como chegar e o telefone de ambas.

De fato, nada disso era obrigação da atendente, mas ela surpreendeu, ou seja, fez mais do que um consumidor comum esperava. E aquele cliente, o Marcos, nunca mais se esqueceu daquele atendimento, em especial da grande gentileza.

E adivinha, quando ele precisou levar o terno novo para lavar, em qual lavanderia ele foi?

Uma das coisas que essa atendente da lavanderia nos ensina: tem a hora de fazer venda e tem a hora de fazer marca. Ou seja, ela não vendeu o terno que o cliente precisava, mas prestou um atendimento extraordinário, fez com que o cliente criasse uma imagem superpositiva da empresa, e, quando esse consumidor precisou do serviço de lavanderia, não teve dúvida sobre qual deveria escolher. Entende agora o papel do atendimento?

"Antes de vender, é preciso atender com excelência."

É preciso ter foco em atender bem durante toda a jornada do consumidor, não importa se a chegada do cliente é em um comércio físico – mesmo que seja uma visita por engano em uma lavanderia –, se é por telefone ou se é realizada pelos canais digitais, essa interação deve ser planejada, treinada e ensaiada como um script de um show musical ou peça teatral.

Parafraseando Lee Cockerell,[14] ex-vice-presidente de Operações do Walt Disney World, que já escreveu: "Não é com mágica que se faz um bom trabalho; é com um bom trabalho que se faz mágica", é possível afirmar também que:

"Não é com mágica que se faz um bom atendimento, mas um bom atendimento faz mágica nas vendas."

---

[14] COCKERELL, L. **Criando magia**: 10 estratégias de liderança desenvolvidas ao longo de uma vida na Disney. São Paulo: Benvirá, 2016. p. 17.

Encantar clientes é difícil e custa caro. Verdade ou mito?

Uma das principais atitudes do empreendedor de sucesso é atrair, reter e encantar seus clientes internos e externos. Entretanto, será que para encantar e surpreender os clientes precisamos de muito dinheiro?

Em um dia descontraído de passeio com minha família, descobri a resposta para essa pergunta. Mariana, minha filha mais velha, e eu estávamos no parque Magic Kingdom da Disney, em Orlando, esperando na fila para embarcar na atração Dumbo. Durante a espera, ela avistou e me pediu um sorvete no formato da cabeça do Mickey. Saí correndo para comprar e voltei bem na nossa vez de embarcar no brinquedo. Acontece que o funcionário responsável pela atração nos advertiu de que não poderíamos ingressar no brinquedo com o sorvete. Nessa hora, em que a decepção de minha filha se misturava com sua expectativa, outro funcionário, que estivera observando o que se passava, disse a ela para não ficar triste, pois ele seria o guardião do sorvete, e que, ao fim da atração, ele estaria esperando por ela na saída com o sorvete intacto.

Ela adorou a ideia, subimos no elefantinho voador, e eu fiquei pensando como ele faria para entregar o sorvete intacto após cinco minutos de exposição ao intenso calor da Flórida.

Esgotado nosso tempo no brinquedo, Mariana saiu correndo para encontrar o funcionário e ficou surpresa quando ele apareceu de repente e lhe entregou o sorvete inteiro conforme prometido. Ela saiu pulando de alegria, e eu perguntei ao funcionário como ele havia conseguido tal proeza.

Ele respondeu: "Sempre queremos propiciar momentos mágicos aos convidados Disney; meu líder dá autonomia para eu tomar decisões para que esses momentos aconteçam. Então, fiquei observando o brinquedo e, quando sua filha veio correndo em minha direção, peguei um sorvete novo no carrinho, tirei a embalagem e entreguei a ela". Fantástico! Qual é o custo de um sorvete? Com alguns centavos de dólar, eles conseguiram surpreender e encantar! Não é por acaso que, conforme pesquisa realizada em 2013 pela APCO Worldwide, a Disney foi considerada a marca mais amada do planeta.[15]

Eu conto essa história em uma de minhas palestras e, algumas vezes, vejo a reação de alguns empreendedores que comentam que consideram essa situação do sorvete um custo a mais. Será mesmo um custo?

Alguém com uma visão mais aprofundada chamaria isso de investimento. Pare para pensar: quanto custa contratar uma pessoa para falar bem da sua empresa? Tenho certeza, será bem mais caro do que um sorvete!

Em conversas e palestras, alguns empreendedores comentam comigo que jamais conseguiram encantar como a Disney. Eu conto essa história e pergunto: qual é o custo de um picolé?

"Saber encontrar a alegria na alegria dos outros é o segredo da felicidade."

Georges Bernanos[16]

A frase de Bernanos resume essa situação ocorrida no parque com Mariana, e os empreendedores que objetivam crescer devem ecoá-la em todos os cantos da empresa. Não menospreze a capacidade e potencial da sua empresa, você também pode implementar essa ou outras maneiras de atender e encantar. Bons exemplos assim também acontecem frequentemente aqui no Brasil. Veja:

Certo fim de semana, fui a uma loja para comprar um celular e, junto com o aparelho, adquiri um plano mensal de dados com valor fixo para acesso ilimitado à internet. Um mês depois, recebi a conta e levei um susto: o valor referente ao acesso à internet estava absurdamente alto.

Fiquei aborrecido e, como eu havia feito um plano com valor fixo, voltei na loja e procurei a mesma atendente que havia me vendido o

---

[15] RANKING: confira quais são as 25 marcas mais amadas do mundo. **Terra**, 13 out. 2013. Disponível em: https://www.terra.com.br/economia/ranking-confira-quais-sao-as-25-marcas-mais-amadas-do-mundo,d492a43bf52b1410VgnVCM3000009af154d0RCRD.html. Acesso em: 3 jul. 2021.

[16] GEORGES, B. **Pensador**, 2005-2021. Disponível em: https://www.pensador.com/frase/NzM1Nw/. Acesso em: 3 jul. 2021.

aparelho e o plano. Quando eu relatei o problema, ela disse que não poderia fazer absolutamente nada e que eu deveria telefonar para o *call center* da operadora de telefonia.

Essa é a resposta mais fácil, o padrão que tantos atendentes respondem diante de uma reclamação semelhante, e aquela funcionária atuou como de costume. Foi então que, naquele dia, conheci a atendente Bianca, uma profissional extraordinária, ou seja, alguém que não age conforme o costume geral, mas sim de maneira excepcional, rara, que se distingue entre os indivíduos da mesma profissão. A Bianca foi até mim e disse: "Eu posso fazer algo pelo senhor?".

Expliquei o problema, e ela pediu para que eu me sentasse, serviu um café e uma água. Ela pediu para ver a conta que eu havia recebido e, em seguida, informou que seria necessário fazer uma ligação para o *call center* da operadora, mas que ela poderia fazer isso para mim, o que de fato fez. Durante sua conversa com a atendente da empresa de telefonia, ela me colocou na linha apenas para confirmar alguns dados pessoais, e, simples assim, o problema foi solucionado.

A mesma loja, o mesmo produto, a mesma situação e atitudes bem diferentes por parte das atendentes: uma disse que não era com ela, e a outra disse que poderia fazer algo por mim e fez a diferença.

Alguns dias depois, recebi a nova conta com o valor correto. Retornei à loja para agradecer a excelência no atendimento e aproveitei para comprar alguns acessórios. Adivinha com qual vendedora?

Precisamos levar mais a sério o pensamento de Alan Ryan: "Não trabalhamos apenas para ganhar dinheiro, mas para encontrar o significado de nossas vidas. O que fazemos é grande parte do que somos".[17] O futuro é incerto, e saber colocar paixão e personalidade em atendimentos de alta qualidade pode fazer a diferença.

Repare que, com o advento e crescimento constante do comércio eletrônico, as lojas físicas terão que se aprimorar se quiserem sobreviver, principalmente no que se refere ao contato com o consumidor. Esse nicho deve especializar-se no pós-venda, no relacionamento com os clientes, proporcionando experiências diferenciadas e, sobretudo,

---

17 RYAN, A. Significado de nossas vidas. **Mensagens Com Amor**, 2021. Disponível em: https://www.mensagenscomamor.com/mensagem/3870. Acesso em: 3 jul. 2021.

descobrindo, contratando e retendo pessoas que fazem a diferença no time com atitudes que contribuem na obtenção de resultados diferenciados para a organização.

José Galló, executivo que revolucionou as Lojas Renner, certa vez disse: "Empresas que não satisfazem, morrem; as que satisfazem, crescem pouco; apenas as que encantam se destacam e crescem muito".[18]

Fazer o básico, muita gente consegue. Fazer o que é preciso e o extraordinário, isso pouca gente faz. Somente os profissionais capacitados e apaixonados pela profissão oferecem um verdadeiro atendimento que encanta, surpreende e fideliza o público.

Ao fim de cada capítulo, você será incentivado a refletir sobre os assuntos abordados, fazer um raio x dos procedimentos atuais, e as respectivas respostas servirão de guia para elaborar um plano de ação e, a partir daí, adotar novas práticas para impulsionar os resultados da empresa.

---

[18] GALLÓ, J. **O poder do encantamento**: as lições do executivo que, partindo de oito lojas, transformou a Renner em uma empresa de bilhões de dólares. São Paulo: Planeta Estratégia, 2017.

REFLEXÕES

Reflexões propostas	Respostas – Plano de ação
Qual é o seu perfil de empreendedor: técnico, administrador ou empreendedor?	
Identifique as principais fricções no atendimento que acontecem com seus clientes e proponha soluções.	
Quais foram as últimas reclamações de consumidores que o levaram a melhorar o atendimento, produto ou empresa?	
De 0 a 10, qual nota você daria para o atendimento ao cliente da sua empresa? Pensa que poderia melhorar em algum aspecto?	
Ideias	

Atuação operacional × gestão estratégica

capítulo 02

Eu tenho uma empresa ou um emprego?

Um equívoco comum a muitos empreendedores é pensar que o único propósito da vida é servir à sua empresa. E assim chegam a trabalhar doze, catorze ou até dezoito horas por dia durante anos. A verdade é que o objetivo essencial da sua empresa é servir à vida e, principalmente, solucionar o problema das pessoas. A partir daí, ela dará os frutos que você deverá colher.

Já escutei muitos empresários se vangloriando de que não tiram férias há muitos anos. E o pior é que acham isso admirável. Eu sei, no início da empresa, o proprietário muitas vezes tem que fazer de tudo ou quase tudo. Mas, desde o princípio, deve ter em mente que essa situação é – ou pelo menos deveria ser – momentânea.

Outra forma de entender essa ideia é imaginar a empresa daqui algum tempo. Sim, no começo é normal que o proprietário trabalhe incessantemente, é hora de colocar a organização nos trilhos, e a equipe geralmente é reduzida. Mas, se isso se perpetuar e você não conseguir delegar e dividir responsabilidades, aí não tem uma empresa, tem um emprego.

Um exercício pertinente é o de imaginar a própria empresa daqui dez ou vinte anos. Se você fizer isso e ainda se imaginar atuando fisicamente como no início, naquela loucura operacional, algo provavelmente está errado na organização.

O ideal é que, aos poucos, a rotina operacional ceda lugar a uma atuação mais estratégica, ou seja, um gestor menos centrado no fazer e mais focado em administrar, planejar as ações, simplificar os processos, preparar as pessoas, estabelecer metas, cobrar resultados e inovar.

Você já deve ter ouvido esse dito popular: "quem muito trabalha não tem tempo para ganhar dinheiro". Muitas vezes, essa frase é dita justamente nesse contexto exagerado, com o objetivo de alertar o empreendedor de que ele precisa colocar a mão na massa, mas jamais deve se esquecer de reservar um tempo para pensar na gestão da empresa. Isso é investir no presente e no futuro do negócio.

O empreendedor de sucesso não fica apenas correndo para lá e para cá dentro da empresa, apagando incêndios diários. Ele costuma separar um tempo precioso para arquitetar um futuro abundante para a empresa.

Portanto, reserve – ou melhor, invista – ao menos uma hora por semana, sozinho ou com alguns integrantes da equipe, para analisar a situação atual da empresa, traçar planos para o futuro e refletir sobre inovações que devem ser implementadas com o intuito de manter a evolução contínua dos negócios.

Ao menos duas perguntas devem ser consideradas ou respondidas nessas reuniões organizacionais, que, por sinal, devem ser periódicas:

- Onde podemos inovar ou o que melhorar na empresa?
- Como podemos aperfeiçoar a experiência dos clientes?

Walt Disney, quando visitava a Disneylândia, na Califórnia (EUA), dizia uma frase para seu pessoal que é válida ainda hoje para empreendedores e empresas de qualquer tamanho: "O parque nunca está concluído".[19] Disney acreditava – e compartilhava isso – na necessidade do progresso constante, tanto da empresa quanto das pessoas que nela trabalham, para a plena subsistência e reinvenção dos empreendimentos. Um grande líder prepara a empresa para andar sozinha, sem a necessidade da sua presença, supervisão ou orientação constante.

Steve Brown, certa vez, disse que "o sucesso de um gerente **não é avaliado pelo que ele pode fazer, mas pelo que seu pessoal pode fazer**

---

[19] THE Undiscovered Future World. **Walt Disney World**, [s. d.]. Disponível em: https://disneyworld.disney.go.com/pt-br/events-tours/epcot/undiscovered-future-world/. Acesso em: 3 jul. 2021.

sem ele".[20] Você já deve ter ouvido a frase que diz que os pais não devem criar os filhos para eles, e sim prepará-los para o mundo. Em uma analogia empreendedora, é possível afirmar que os líderes devem preparar a empresa para o mercado e seus consumidores, não para eles mesmos.

É mais ou menos assim. Por exemplo, uma mãe leva o filho para o primeiro dia de aula. Se a criança chora, agarra a mãe e faz um escândalo na recepção do colégio ao perceber que irá ficar sem a presença dela, a mãe fica aborrecida e não acha isso exemplar.

Mas conheço casos nos quais o filho é tão descolado e seguro de si que, logo na portaria da escola, coloca sozinho a mochila nas costas e entra sem nem se despedir dos pais. Quando isso acontece, alguns pais ficam desolados pelo fato de o filho independente parecer não estar nem aí para eles e ficam sem saber o que fazer, chegam a torcer para que o filho volte, chore ou peça a presença deles para que se sintam amados, úteis e importantes.

Se você decidir preparar a empresa para não necessitar tanto da sua presença, terá que observar e planejar mais atentamente a sua gestão, ou seja, minimizar o perfil técnico e potencializar o perfil administrador e inovador.

Pense por um instante com a mente de um funcionário. Quando começa a trabalhar em uma boa empresa, o que uma pessoa espera? Provavelmente deseja:

- Ser bem acolhida e estar em um ambiente de trabalho agradável;
- Receber instruções detalhadas sobre os serviços a serem executados;
- Um bom treinamento para desenvolver as atividades propostas;
- Bons colegas de trabalho para atuar em equipe de maneira engajada;
- Ter um líder motivador;
- Ser reconhecida quando apresentar produtividade além do esperado;
- Ser premiada quando o cliente reconhecer o seu trabalho de excelência;

---

20 LEE, F. **Se Disney administrasse seu hospital**: 9 ½ coisas que você mudaria. Porto Alegre: Bookman, 2008. p. 101.

- Ter possibilidades de crescimento profissional ao apresentar belos resultados;
- Ter metas claras e possíveis de serem alcançadas;
- Ser bem remunerada.

E, se a empresa realmente proporcionar tudo isso ao colaborador, será uma maravilha, provavelmente ele ficará satisfeito e encantado.

Pois bem, agora volte à sua realidade como empreendedor e entenda que é justamente tudo isso que você precisa proporcionar a quem integra seu quadro de funcionários.

Um empreendedor gestor sabe que precisa buscar essa plena satisfação dos seus primeiros clientes: os clientes internos. Se assim o fizer, provavelmente o caminho para atingir o sucesso será mais fácil e menos penoso, afinal **quem é encantado também encanta.**

Mas por que boa parte das pequenas e médias empresas não consegue implementar tudo isso para suas equipes? Possivelmente, os sócios estão focados no ato de fazer e produzir, agindo como funcionários, e, assim, se esquecem de atuar na gestão empreendedora. O que mais se vê por aí são empreendedores apagando incêndios, trabalhando horas e horas e correndo atrás do prejuízo, e assim não sobra muito tempo para ir em busca do lucro.

Se isso já aconteceu ou acontece com você, a boa notícia é que você não está sozinho. E uma notícia melhor ainda é que isso pode ser evitado, basta seu tempo ser menos centrado em fazer, e sim em focar, gerir e delegar, independentemente de ter um, dez ou cem funcionários.

Alguns líderes dão a desculpa de que não conseguem delegar porque os colaboradores não são competentes para aquela função. Mas, se não são, a culpa é de quem? Sim, é preciso parar de arrumar desculpas e assumir que a responsabilidade é do líder.

Se o funcionário não atua como o empreendedor deseja, eu pergunto:

- Quem fez a contratação?
- Quem deixou de treinar adequadamente?
- Quem não avaliou?
- Quem não motivou ou reconheceu?

Se tentou todas essas rotas apontadas pelas perguntas anteriores e descobriu que ainda assim aquele funcionário não é o mais indicado para a função, por que não o trocou de área ou não o demitiu?

Acredito que você já reparou onde quero chegar: a responsabilidade fazer algo preventivo ou corretivo é do gestor. Pare de procurar culpados ou desculpas e aja com agilidade e assertividade. Lembre-se: você não é o funcionário da sua empresa, você deve pensar como líder e gestor, porque é a empresa que trabalha para você.

É justamente essa falta de clareza e assertividade nas ações que gera resultados insatisfatórios. A baixa produtividade costuma estar ligada a uma seleção inadequada de pessoal, falta de treinamento de qualidade para a equipe, ausência de indicadores avaliativos e poucas ações que reconheçam esforços, o que faz com que o funcionário se sinta deixado de lado, resultando em um atendimento medíocre ao cliente e, consequentemente, em um resultado pífio no fim do mês.

Seleção equivocada do pessoal

Lembra que eu mencionei no capítulo 1 a guerra mental e cotidiana na cabeça do empresário com os três perfis (técnico, administrador, empreendedor) e como isso pode ser fatal para o desenvolvimento do negócio? Sabe o que pode agravar o problema? Uma má seleção de pessoal. Quando o empreendedor percebe que não está dando conta e decide contratar alguém para ajudar, é comum escolher uma pessoa com o mesmo perfil que o seu, afinal, uma personalidade semelhante à sua irá tornar as coisas mais fáceis. Mas o que geralmente acontece é que o problema tende a persistir.

Então, a dica para evitar esse ciclo negativo é ter a consciência de que o empresário que deseja crescer vai precisar dos três perfis trabalhando juntos. Cabe a ele reconhecer o seu perfil mais forte e, assim, dar mais espaço, valorizar e buscar pessoas com as outras duas personalidades para atuarem em conjunto na tomada de cada decisão, encontrar pessoas com perfis complementares, podendo ser um funcionário ou até um sócio.

É importante compreender que **grande é aquele que reconhece a grandeza do outro**. É vital identificar o perfil de cada um que ali trabalha, e a partir daí, trabalhar em harmonia para o bem comum e da própria firma.

Outra decisão relevante é conseguir trabalhar com o que ama. Esse costuma ser um passo na direção certa do sucesso e vale tanto para o empreendedor como para os indivíduos que farão parte das equipes.

"Encontre um trabalho que você ame e não terás que trabalhar um único dia em sua vida."

Confúcio[21]

Comprar, produzir, vender, contratar, demitir, pagar contas, planejar, inovar... enfim, dificilmente o empreendedor consegue fazer tudo isso sozinho. E logo no início perceberá que precisará de alguém para ajudá-lo. Esse momento pode ser a origem de vários problemas se mal planejado.

Segundo dados do IBGE e do Sebrae, 90% das empresas brasileiras são familiares.[22] Portanto, é comum empreendedores que contam com a ajuda de vários familiares para os afazeres cotidianos da empresa. Esse hábito frequentemente coloca **pessoas erradas em lugares equivocados**, pois são pessoas que entram na empresa para um apoio pontual e não necessariamente sabem ou têm grande interesse pelo trabalho.

Na hora de escolher algum funcionário – sendo ele parente ou não –, o problema está em não selecionar a pessoa certa para a função adequada.

Volto a dizer que, regularmente, o empreendedor comete um erro ao admitir alguém com um perfil parecido com o dele, afinal valorizamos no outro a qualidade que enxergamos em nós mesmos. Assim, ao contratar alguém com a mesma linha de pensamento, o estilo da

---

[21] CONFÚCIO, **Pensador**, 2005-2021. Disponível em: https://www.pensador.com/frase/NTIwODUx/. Acesso em: 3 jul. 2021.

[22] AMÉRICO, J. Estratégias para organizar a sucessão de uma empresa familiar. **Você S/A**, 9 jul. 2020. Disponível em: https://vocesa.abril.com.br/empreendedorismo/estrategias-organizar-sucessao-empresa-familiar/. Acesso em: 3 jul. 2021.

empresa continua o mesmo e, em vez de ampliar a expertise, apenas se contenta com mais do mesmo. É necessário um fôlego novo, ideias, propostas e resoluções de problemas diferentes.

E quando não é uma confusão com o perfil, o engano acontece ao contratar avaliando apenas o currículo e as habilidades técnicas do candidato. Uma pesquisa realizada pela revista *Você S.A.* publicada no RH Portal[23] revela que as empresas brasileiras geralmente contratam pela habilidade e demitem pela atitude. Além disso, 87% das demissões são causadas pelo comportamento inadequado do funcionário, com apenas 13% sendo causadas por inabilidade técnica para a função. O ideal seria então contratar pela atitude e depois treinar as habilidades necessárias daqueles que foram os escolhidos.

Quando se realiza um processo de seleção harmônico, no qual se almeja e se foca mais as atitudes do que as habilidades técnicas do postulante e no qual são expostos para o candidato, logo no início da entrevista, quais são os valores e o propósito da organização, o caminho fica mais curto e claro para ambos os lados.

No capítulo 4, vamos falar da importância e da maneira de se fazer uma seleção cuidadosa e criteriosa da equipe. Afinal, esse é o cartão de visitas da empresa. Vamos apresentar algumas formas simples de escolher o perfil ideal para cada função, selecionar pessoas certas para compor o time e comunicar e integrar esses colaboradores para que realmente possam vestir a camisa. Falaremos também sobre o impacto positivo que funcionários conectados com os valores e a missão da empresa podem proporcionar para o ambiente de trabalho.

Falta de treinamento adequado para a equipe

Quase todo mundo sabe que treinamentos profissionais são importantes, mas pare e pense: qual foi a última vez que você treinou seu pessoal?

---

23 PRISCILLA. As grandes empresas demitem por problemas comportamentais. **RH Portal**, 2 set. 2015. Disponível em: https://www.rhportal.com.br/artigos-rh/as-grandes-empresas-demitem-por-problemas-comportamentais/. Acesso em: 3 jul. 2021.

Em geral, o gestor acumula inúmeras atividades operacionais, e a escassez de tempo é sentida em vários campos, principalmente na pouca capacitação que consegue fazer diante de tanta correria.

Se para ele reservar um tempo para se qualificar é algo difícil, imagine parar e treinar um time. A ausência de capacitações do proprietário e uma qualificação inadequada do time geram erros tanto na parte de produção, administrativa, logística e financeira, como também no quesito atendimento ao cliente. Essa inadequação, consequentemente, causa a perda de muitos clientes e de inúmeras vendas.

E como prestar um atendimento de excelência? A resposta é: com treinamento.

Mark Spitz, nadador multicampeão que em apenas cinco anos como profissional ganhou onze medalhas olímpicas, certa vez, disse algo que serve tanto para esportistas como também para executivos, gestores e empreendedores: "Todos querem ganhar medalhas de ouro, mas poucos querem treinar na intensidade necessária para conquistá-las".[24] A excelência, tão almejada pelas empresas, geralmente só é conquistada por meio de seguidas e intensas capacitações. Sobre isso, Bill Marriott Jr., grande empresário norte-americano da rede de hotéis Marriott, certa vez disse: "O único jeito de alcançar a excelência em qualquer atividade é por meio da instrução".[25]

De fato, se quiser que sua equipe encante, será preciso treinar, treinar e treinar, pois a perfeição vem com a repetição.

Portanto, se deseja vender mais, conquistar novos consumidores e encantar clientes, saiba que tudo isso passa diretamente por um ótimo atendimento, que nada mais é do que tratamento. É fundamental treinar todos os colaboradores para que eles tratem os clientes da melhor forma possível, até porque atender bem é tratar bem.

No capítulo 5, vamos explicar como e quem capacitar, detalhando os principais conteúdos que devem ser apresentados para aqueles que queremos qualificar. Se algum dia você achou que treinar seu pessoal

---

24 SPITZ, M. **Pensador**, 2005-2021. Disponível em: https://www.pensador.com/frase/NzE0NzA4/ . Acesso em: 3 jul. 2021.

25 COCKERELL, L. **Criando magia**: 10 estratégias de liderança desenvolvidas ao longo de uma vida na Disney. São Paulo: Benvirá, 2017. p. 192.

Atender bem é tratar bem, é importar-se verdadeiramente com a causa do outro.

A ARTE DE ENCANTAR CLIENTES

pode custar muito caro, irá descobrir dez formas para treinar sua equipe a custo zero.

Ausência de indicadores avaliativos

Uma falha comum observada no cotidiano de um pequeno empreendedor é a falta de critérios objetivos, ou muita subjetividade, na avaliação dos colaboradores. Isso acontece quando o próprio gestor, baseado unicamente no seu olhar e julgamento, define se o desempenho de certo funcionário é satisfatório ou não, se atende o cliente bem ou mal, em suma, se o funcionário é bom ou ruim. Se você não tem como mensurar as práticas, não consegue uma notável gestão da equipe. Medir os resultados sem subjetividade e praticar a meritocracia são pontos fundamentais para impulsionar resultados e motivar equipes.

> "Se você não mensura,
> não consegue uma notável gestão."

O que muitos empreendedores não compreendem é que o funcionário, atendente ou vendedor, tradicionalmente, tem melhor rendimento se souber, antecipadamente, que está sendo avaliado.

Portanto, é imprescindível criar ferramentas e usar métricas para avaliar a performance da equipe. Um jeito inteligente de fazer isso é propiciar maneiras para que o próprio cliente possa mensurar o atendimento que recebe do seu pessoal.

Essa tal avaliação pode ser fácil, rápida e barata. Agora, cuidado para não pecar pelo excesso. Sim, avaliar escutando o cliente é válido, mas há de se entender que tudo tem limite.

Em 2019, fui para um hotel fazenda com minha família, e, ao adentrar o quarto, as crianças foram correndo trocar de roupa para irmos à piscina. Percebi que na cabeceira da cama havia um opinário que dizia: "Nosso hotel quer saber a sua opinião". Virei a página e me deparei com cinquenta questões sobre o hotel. Cinquenta é demais! Até brinquei com a Fabiana perguntando: "Você acha que eu devo usar meu tempo para me divertir com as crianças ou melhor passar o sábado e o domingo respondendo a esta pesquisa do hotel?".

No capítulo 6, vamos apresentar formas simples, práticas e de baixo custo para avaliar constantemente seu pessoal de maneira interessante e rápida. Falaremos como isso pode contribuir para maximizar a performance de cada funcionário e impulsionar as vendas e os resultados.

Reconhecimento zero

Muita cobrança não faz sentido quando há pouco reconhecimento. É normal escutar esse tipo de relação dos empregados quando chego nas empresas para ministrar palestras.

É louvável ser, ou ter, um líder que saiba reconhecer e engrandecer seu time. Sobre o tema, Robin Sharma, escritor canadense, disse: "Pessoas grandes não fazem as pessoas se sentirem pequenas."[26]

É incrível notar o impacto positivo que um elogio verdadeiro e merecido pode ter na vida de uma pessoa. Analise o sucesso estrondoso das redes sociais e terá de concordar que o que o ser humano mais deseja é ser percebido, curtido, elogiado e reconhecido. Uma afirmação do psicanalista francês Jacques Lacan é uma síntese sobre o impacto e o poder do reconhecimento: "A fonte de todo desejo é ser desejado".[27]

Reconhecer o mérito dos integrantes da equipe é uma forma de engajar as pessoas, de mantê-las conectadas com o propósito da organização e focadas em satisfazer as lideranças e encantar o cliente final. Reforço: formar uma equipe com pessoas interessadas em prestar um atendimento de excelência faz toda a diferença.

Mas o que fazer com funcionários desmotivados? É só dar uma volta pelo comércio e perceber que ainda há muitas equipes desmotivadas atendendo de maneira incorreta ou descomprometidas com os resultados.

---

26 AS 67 melhores citações de Robin Sharma. **Maestrovirtuale.com**, 2021. Disponível em: https://maestrovirtuale.com/as-67-melhores-citacoes-de-robin-sharma/. Acesso em: 3 jul. 2021.

27 PREGAÇÃO: "Sair debaixo da mesa" (Padre Fabio de Melo). **Blog do Cleber Rodrigues**, 10 nov. 2015. Disponível em: https://blog.cancaonova.com/cleberrodrigues/pregacao-sair-debaixo-da-mesa-padre-fabio-de-melo/. Acesso em: 3 jul. 2021.

"Sem motivação, nada grandioso acontece."

O objetivo do capítulo 7 é mostrar como o reconhecimento é um dos principais fatores de engajamento dos clientes internos e como um elogio merecido e verdadeiro pode impactar sensivelmente o desempenho da equipe. Aprenda como essa prática bem aplicada pode resultar em uma força propulsora incrível para seu empreendimento.

Atendimento medíocre

Uma das coisas que eu mais escuto quando chego nos municípios para ministrar os treinamentos nas empresas é: aqui na cidade, o problema é o atendimento.

Repare que a grande sacada é justamente essa. Se isso é um grande problema para muitos, é preferível encará-lo como uma grande oportunidade para fazer do atendimento uma enorme vantagem competitiva no seu mercado.

É fundamental deixar de olhar o atendimento como um mal necessário e passar a perceber que o hábito de atender os consumidores com maestria é imprescindível para criar uma experiência memorável em uma jornada encantadora. O atendimento é fundamental na construção dessa ponte que leva a sua empresa, sem fricção, até a mente e o coração do seu consumidor.

Há alguns anos, decidi comprar um imóvel na praia, realizar um sonho antigo da Fabiana, das nossas filhas – Mariana e Juliana – e meu também. Comecei a pesquisar na internet, a buscar um imóvel no litoral norte de São Paulo. Pesquisei no Google e encontrei o site de duas imobiliárias que estavam vendendo o imóvel que me interessou, ambas pediam o mesmo valor. Liguei na primeira e mencionei ao corretor que estava interessado no referido apartamento, mas que gostaria de ver fotos mais atuais do imóvel. Ele respondeu que as únicas fotos existentes eram aquelas já dispostas no site. Ao ligar para a outra imobiliária, o corretor me deu a seguinte resposta quando fiz a mesma colocação sobre as fotos: "Você tem razão, as fotos do site estão desatualizadas, são da época final da obra. Eu mesmo irei lá tirar fotos mais atualizadas do imóvel e envio até amanhã por e-mail ou diretamente por aplicativo de mensagem". Repare: assim como aconteceu com o atendimento da loja de celular, aqui, eu me encontrava em uma situação semelhante – o mesmo imóvel pelo mesmo preço –, o que fez a diferença foi o atendimento. Com qual corretor você acha que escolhi fazer a negociação?

Eu quero que você perceba que, quando o atendimento melhora, as vendas também são potencializadas.

No capítulo 8, esclarecerei qual deve ser o primeiro cliente a ser encantado e apresentarei diversas maneiras de o pequeno ou médio empreendedor facilmente surpreender e fidelizar seu consumidor. Tudo isso investindo nada ou pouquíssimos recursos financeiros.

No capítulo 9, iremos revelar quais ações podem ser tomadas para que seja criada uma cultura de encantamento na sua empresa e como isso fará o empreendimento ganhar novos clientes e vendedores gratuitos, ou seja, transformar consumidores em fãs e multiplicadores do seu negócio. A partir daí, será fácil compreender que, quando o atendimento encanta, não é preciso vender. O cliente compra!

"Quando o atendimento encanta, você não precisa vender: o cliente compra."

Por fim, no capítulo 10, vamos refletir sobre o encontro de dois empreendedores e descobrir que, mais do que uma empresa de sucesso, você merece uma vida plena e abundante.

A ARTE DE ENCANTAR CLIENTES

REFLEXÕES

Reflexões propostas	Respostas
Como está a divisão do seu tempo? Qual percentual desse tempo é destinado ao trabalho operacional/ rotina de afazeres? Qual percentual desse tempo é dedicado ao planejamento estratégico/ gestão?	
Se você fosse funcionário da sua empresa, o que você gostaria de dizer ao patrão? Quais melhorias poderia sugerir? Pense como um de seus funcionários: - Onde sua empresa pode inovar ou o que melhorar? - Como aperfeiçoar a experiência dos clientes?	
Como você avalia sua maneira de selecionar e contratar colaboradores?	

ATUAÇÃO OPERACIONAL × GESTÃO ESTRATÉGICA

Reflexões propostas	Respostas
Qual foi a última vez que você treinou todo o seu pessoal? O treinamento fez efeito? Com qual frequência tem treinado sua equipe?	
Qual é a métrica não subjetiva que você utiliza para avaliar o desempenho dos funcionários?	
Quais são as formas de reconhecimento que você usa com os funcionários e com qual frequência as utiliza? O que faz para manter a equipe sempre motivada?	
O que sua empresa tem feito além do básico para surpreender e encantar verdadeiramente os clientes? Vocês saem do "mais do mesmo"?	
Ideias	

Atendimento encantador

capítulo 03

Neste capítulo, vamos explicitar a importância do cliente para a sobrevivência de uma empresa e o impacto que o atendimento encantador tem na construção de uma grande e reconhecida marca – e como essa atitude pode agigantar a sua performance.

"Aprender com os erros dos outros é mais inteligente, mais rápido e mais barato."

Em busca de um diferencial

Ao analisar a trajetória turbulenta de vários negócios, é possível encontrar falhas cruciais, como a falta de percepção de valor por parte do seu consumidor, um atendimento ineficiente ao cliente e uma proposta empresarial sem qualquer diferencial competitivo.

O relato de algo ocorrido comigo ilustra bem essa situação. Eu havia deixado o meu carro em um estacionamento bem próximo ao aeroporto de Guarulhos, em São Paulo, e Rosa, a motorista da van que fazia o traslado até o setor de embarque, perguntou:

— Você é o Erik Penna, que esteve no último sábado no programa *É de Casa*, da Rede Globo, dando dicas de empreendedorismo, não é mesmo?

E eu respondi:

— Sim, já participei várias vezes do programa como especialista em empreendedorismo. Por quê?

— Que ótimo, preciso fazer uma pergunta — e emendou: — Atuo como motorista há um bom tempo e estou prestes a realizar o meu maior sonho, vou abrir o meu próprio negócio.

— Que bacana, parabéns! E você já definiu em qual segmento vai atuar? — perguntei.

— Sim, estou querendo sair do meu emprego atual e iniciar uma venda de marmitas, as famosas "quentinhas", lá no meu bairro. O que o senhor acha?

Eu disse a ela:

— Acredito que, na vida, a gente deve buscar a realização dos nossos sonhos. E digo com conhecimento de causa e por experiência própria: um bom planejamento colabora muito na hora de transformar sonhos e objetivos em realização. Como a van já está perto do aeroporto, vou lhe dar uma sugestão e fazer uma pergunta — respondi. — A sugestão é: antes de pedir a conta e sair repentinamente do emprego, aconselho que se organize e planeje uma transição, analisando bem as perdas e ganhos nos âmbitos pessoal, profissional e financeiro que terá na migração de funcionária para empreendedora.

— Sim, eu já refleti muito e analisei todos esses pontos. Estou decidida — Rosa me respondeu.

— Que ótimo! Então, aí vai a pergunta. Eu imagino que já deve ter outras pessoas vendendo marmitas na sua região. Qual será o seu diferencial perante os concorrentes existentes?

Ela pensou, pensou, e com muita sinceridade, me disse:

— Erik, pra falar a verdade, eu não sei dizer, nunca havia pensado nisso. Vou refletir sobre isso antes de investir todo o dinheiro da minha rescisão nesse projeto.

A van chegou ao aeroporto, ela agradeceu, e eu lhe desejei uma boa reflexão, um ótimo dia e, ainda, boa sorte!

Antes de empreender e arriscar todos os seus recursos financeiros em um novo projeto, é importante ao menos responder a cinco perguntas de ouro que nortearão suas escolhas e o auxiliarão a ser mais assertivo na hora de escolher no que investir ou ofertar um produto ou serviço no mercado:

1. Do que você gosta?

Trabalhar com o que se gosta é um passo certo na direção do sucesso, portanto, prefira uma atividade prazerosa, pois, como afirma Shawn Achor, autor do livro *O jeito Harvard de ser feliz*: "a felicidade precede o sucesso".[28]

Agora pare e pense: qual ocupação profissional proporciona um sentimento de prazer ou satisfação em você?

2. O que você faz muito bem?

Só gostar não basta, é preciso ter habilidade e destreza com a atividade empreendedora escolhida. Lembre-se de que a concorrência não perdoa quem atua abaixo da média. Ter senso e saber fazer autocrítica será fundamental na hora de definir o rumo do seu empreendimento.

Aqui, vale a pena refletir: qual atividade você desenvolve com maestria?

3. As pessoas pagariam por esse produto ou serviço?

Além de fazer com maestria uma atividade, é vital pesquisar as pessoas ao seu redor para saber se elas realmente pagariam a quantia que imagina pelo produto ou serviço a ser ofertado no mercado. Tenha em mente que uma coisa é gostar, outra coisa é colocar a mão no bolso para adquirir algo e ainda ficar satisfeito com a decisão de compra. Nesse momento, é importante refletir sobre qual será o canal de vendas utilizado para melhor comercialização do seu produto ou serviço.

O exercício agora é avaliar detalhadamente: as pessoas realmente vão colocar a mão no bolso para adquirir o que pensa em vender?

4. Qual é a sua lacuna de conhecimento?

É importante ter em mente que ninguém é perfeito e que o aprimoramento constante é um fator que impacta o sucesso ou o fracasso do empreendedor. Perceber a competência que deve ser aperfeiçoada pode ajudar na manutenção e ampliação dos resultados do negócio. Por exemplo, um indivíduo que se considera competente

---

28 ACHOR, S. **O jeito Harvard de ser feliz**: o curso mais concorrido da melhor universidade do mundo. São Paulo: Benvirá, 2012. p. 12.

A ARTE DE ENCANTAR CLIENTES

para costurar e produzir máscaras, mas que reconhece que não domina as técnicas de vendas e abordagem ao cliente saberá que vai precisar fazer um curso de vendas ou contratar um profissional exímio na arte de negociar e vender com excelência em seu lugar.

A análise nesse quarto ponto deve ser sobre conhecimento: o que você ainda não sabe e que será essencial para o pleno desenvolvimento desse empreendimento?

5. Qual é o seu diferencial?

Antes de se jogar no negócio, vale a pena pesquisar o mercado e a concorrência para saber o que já existe e descobrir alguma forma de se diferenciar do que já é habitualmente oferecido. Assim, não corre o risco de o empreendimento ser "mais do mesmo", ou seja, apenas mais um no comércio. Identificar a vantagem competitiva de um negócio pode clarificar o direcionamento da empresa, nortear o nicho de mercado a ser atingido e definir o tipo de cliente a ser atendido.

A sua resposta para essa quinta questão deve ter muita clareza: qual é a sua grande e maior vantagem diante de seus concorrentes?

Ao responder essas cinco perguntas para si de modo verdadeiro, o ato de empreender deixa de ser por necessidade e torna-se uma oportunidade, o que aumenta consideravelmente a chance de sucesso na prática empreendedora.

Vale ressaltar que, aqui, diferencial não quer dizer algum quesito em que sua empresa é boa ou eficiente, e sim um ponto forte que mostra ao seu cliente que a organização é realmente sensacional e melhor que todos os concorrentes nesse aspecto.

Um atendimento exemplar como vantagem competitiva

A proposta deste livro é apresentar soluções e ideias para que o atendimento ao cliente possa ser o seu grande diferencial perante os outros competidores do seu segmento.

Aliás, uma pesquisa realizada pela revista *Pequenas Empresas & Grandes Negócios* em abril de 2014[29] revelou que 61% dos clientes afirmam que ser bem atendido é um fator mais relevante do que o preço.

De fato, isso se comprova em nosso cotidiano. Quantas vezes entramos em uma loja dispostos a comprar e, por conta do mal atendimento, decidimos ir embora? E o contrário também ocorre, pois, às vezes, entramos na loja apenas para olhar, mas, graças a um atendimento encantador, decidimos levar algum produto ou serviço que foi tão bem exposto pelo atendente ou vendedor.

Parece simples, mas isso dá verdadeiramente um ótimo resultado, e pude comprovar frente às câmeras. Fui convidado para participar de um programa de TV para analisar o atendimento de algumas lojas no centro de São Paulo. Me lembro claramente de duas cenas que foram ao ar sobre esse tema. Estava ao lado do repórter quando ele perguntou a um ambulante sobre as vendas. O vendedor, sentado em uma cadeira, disse que estava muito ruim, que os clientes tinham sumido. Quando ele disse isso, um cliente se aproximou, e o repórter, então, sugeriu que o ambulante fosse lá atender, mas ele respondeu: "Atendo sentado daqui mesmo". E, de maneira passiva, com a mão segurando o rosto, indagou ao cliente: "Está precisando de alguma coisa?". A resposta do cliente foi: "Não, só estou dando uma olhadinha". E foi embora.

E veja que curioso, demos alguns passos e, a poucos metros desse primeiro, fomos surpreendidos por um segundo ambulante que já nos recebeu em pé, olhando nos nossos olhos, com um largo sorriso no rosto e dizendo: "Que bom que vocês vieram". O repórter repetiu a pergunta feita anteriormente sobre como estavam as vendas. O segundo ambulante respondeu: "Melhor impossível, as vendas estão ótimas, melhor ano da minha banca".

Aí vem o mais espetacular. O repórter olhou para a banca do primeiro ambulante, comparou com a do segundo e comentou: "Mas se o senhor está na mesma calçada e vende basicamente os mesmos produtos pelo mesmo valor que o seu vizinho, como pode estar indo tão bem

---

29 PESQUISA diz que consumidor prefere bom atendimento à preço baixo. **G1**, 26 abr. 2019. Disponível em: http://g1.globo.com/sao-paulo/itapetininga-regiao/noticia/2014/04/pesquisa-diz-que-consumidor-prefere-bom-atendimento-preco-baixo.html. Acesso em: 13 jul. 2021.

e o rapaz da banca ao lado estar tão desanimado?". Ele respondeu: "Os clientes querem carinho, atenção. Recebo todas as pessoas com alegria e otimismo". E emendou com chave de ouro: "Eu tenho como missão de vida, independentemente de o cliente comprar algo ou não, que ele vá embora melhor do que quando chegou até mim".

Esse caso foi mais um em que ficou claro que o atendimento foi o diferencial decisivo entre os vendedores, sendo o segundo um empreendedor de verdade. Isso evidencia claramente a importância de treinarmos continuamente a equipe e identificarmos qual colaborador atende com excelência. A partir daí, não medir esforços para reter esse profissional de alta performance.

Vale lembrar ainda que um colaborador que atende bem e outro funcionário que atende mal geram o mesmo custo contábil na folha de pagamento da empresa no fim do mês. É fundamental identificar quem não pratica um atendimento de qualidade e conversar abertamente sobre a importância da melhoria, treinar de novo, se necessário, e dar as oportunidades antes de dispensá-lo. Mas é preciso deixar claro que o mercado está cada vez mais competitivo e que não há espaço para amadores ou funcionários descontentes que destratam consumidores ou potenciais compradores.

Quer aumentar as vendas, conquistar novos consumidores e fidelizar seus clientes? Ofereça um atendimento cinco estrelas. Torne a excelência no atendimento a grande vantagem competitiva da sua organização! E, se você já está convencido de que o atendimento ao cliente é – ou pode vir a ser – o enorme diferencial do seu negócio, uma outra questão pode surgir em sua mente: por onde começar?

A excelência no atendimento começa na liderança

Muitas pessoas e empresas almejam atender com excelência, mas onde esse processo se inicia?

Antes de responder, quero compartilhar com vocês que, em 2014, fiz um curso do instituto Disney sobre gestão de excelência e aprendi muito. O **Walt Disney World Resort** é o conglomerado de entretenimento mais visitado do mundo e está situado em Bay Lake, na Flórida (EUA). O complexo foi inaugurado no dia 1º de outubro de 1971 e recebe anualmente mais de 52 milhões de pessoas em seus parques temáticos e hotéis nas proximidades da cidade de Orlando, nos Estados Unidos. Por meio de uma gestão de excelência, consegue espetaculares níveis de retenção: 70% das pessoas que visitam os parques e 90% dos clientes da rede hoteleira retornam.[30]

Lá, descobri qual é o ponto de partida, quais são os objetivos principais e qual é o grande foco de uma gestão de excelência. De propósito, enumero os objetivos em ordem decrescente de prioridade. Veja a seguir:

4. **Resultados financeiros:** sim, a gestão de excelência de uma empresa objetiva o lucro. É claro que deseja superar as expectativas de clientes, mas também dos *shareholders* e acionistas com resultados atrativos no fim do ciclo contábil.

Mas repare que só conseguem isso graças aos:

3. **Clientes externos:** quando os clientes estão encantados com um atendimento espetacular e um serviço excepcional, conseguem vivenciar uma verdadeira experiência de compra. Ferramentas como a denominada "Múltiplas formas de escuta" são vitais para manter a empresa sempre oxigenada com pesquisas sobre as opiniões dos clientes. E o que dizer, então, da enorme atenção e tantos detalhes na hora de recepcionar as pessoas – desde a acolhida até a despedida – nos parques ou hotéis? Isso é considerado ponto fundamental de uma gestão que surpreende e agrega valor e, por isso, faz com que o cliente se sinta valorizado e se deleite com os chamados "momentos mágicos". É esse encantamento que consequentemente causa a intensa aquisição de produtos e serviços ofertados pela Disney.

---

30 WALT Disney World Resort. *In*: WIKIPÉDIA. Disponível em: https://pt.wikipedia.org/wiki/Walt_Disney_World_Resort. Acesso em: 3 jul. 2021.

Mas isso só se concretiza com a ajuda dos:

2. **CLIENTES INTERNOS:** os *cast members* – membros do elenco, como são chamados os funcionários na Disney – devem se manter satisfeitos e motivados para que prestem um serviço de ponta. A qualidade do serviço interno precisa ser excelente, mas, para isso acontecer, é imprescindível ter profissionais bem treinados, engajados, com orgulho de vestir aquela camisa e que, por tudo isso, fazem verdadeiramente a diferença. É preciso identificar e reter talentos e, mais do que isso, valorizar o empenho de cada um, tendo sempre em mente o que disse Dave Weinbaum: "Se não puder se destacar pelo talento, vença pelo esforço".[31]

Mas tudo isso só é possível se começar na:

1. **LIDERANÇA:** líderes excelentes que inspiram pessoas e transformam resultados. Tudo começa aqui, na liderança evolutiva, com gestores compromissados com a mudança transformacional que guiam por meio do exemplo. Eles levam o treinamento a sério, motivam pessoas a agir pelo que acreditam e valorizam todos para, assim, extrair o máximo dos talentos que compõem a organização.

Jim Collins, autor do livro *Empresas feitas para vencer*, afirma que o ativo mais importante das empresas não são as pessoas, são as pessoas CERTAS. Líderes que reconhecem e recompensam os funcionários extraordinários, que fazem a diferença e, transbordando entusiasmo, cheios de uma atitude amigável e proativa – norteados diariamente pela matriz de prioridades da Disney: Segurança, Cortesia, Show e Eficiência –, estão sempre determinados a conseguirem o aplauso exterior, mas não deixam de buscar o mérito e aplauso interior.[32]

---

[31] WEINBAUM, D. **Pensador**, 2005-2021. Disponível em: https://www.pensador.com/frase/NDIzOTU/. Acesso em: 3 jul. 2021.

[32] COLLINS, J. **Empresas feitas para vencer**: por que algumas empresas alcançam a excelência... e outras não. Rio de Janeiro: Alta Books, 2018. p. 27

Por atuar com tamanha excelência, a Disney foi eleita a marca mais amada do planeta, segundo pesquisa feita pela APCO Worldwide.[33]

Portanto, se deseja implementar um atendimento de excelência visando a satisfação dos clientes e que ainda propicie maior lucro, já sabe por onde começar: na liderança.

Como competir com as grandes empresas: vantagens competitivas das micro e pequenas empresas (MPEs)

Até o ano de 2020, eu já havia apresentado mais de 1.200 palestras em todas as 27 federações do Brasil. Frequentemente, após as apresentações, aprecio o encontro com os participantes e a troca de ideias com inúmeros empreendedores. E uma das reclamações mais recorrentes do proprietário de uma pequena ou média empresa é sobre a impossibilidade de competir com as grandes corporações, e percebo que eles enfatizam os diferenciais dos maiores *players* do setor.

Algumas vantagens das grandes corporações

- FINANÇAS: abundância de recursos financeiros e acesso ao crédito;
- TECNOLOGIA: utilização de hardwares robustos, softwares de última geração e personalizados, equipamentos com alta tecnologia e sistemas operacionais modernos;
- CUSTO: redução nos custos em função da quantidade adquirida e da produção em grande escala;
- MARKETING: investimentos vultosos em campanhas publicitárias, comerciais de televisão, outdoors, capas de grandes portais da internet, presença estrondosa nas redes sociais, propagandas em capas de jornais de renome nacional e, em alguns casos, publicidades com a participação de personalidades em alta no momento.

---

33 DISNEY é a marca mais adorada do mundo. **Promoview**, 18 out. 2013. Disponível em: https://www.promoview.com.br/categoria/geral/disney-e-a-marca-mais-adorada-do-mundo.html. Acesso em: 3 jul. 2021

É bem verdade que, nesses quesitos, o pequeno empreendedor tem dificuldades para competir em pé de igualdade com as gigantes do mercado.

Eu escuto toda essa argumentação e comento: "Concordo, mas e as vantagens das pequenas e médias empresas, você poderia me apontar?". Geralmente, não recebo respostas para esse questionamento, e, por isso, vamos abordá-lo a seguir.

É como naquele ditado que diz que é comum acharmos a grama do vizinho mais verde que a nossa. Às vezes, o empreendedor fixa tanto a sua mente para essas superioridades das grandes empresas que deixa de utilizar alguns aspectos e vantagens que só uma empresa menor terá a seu favor. Por incrível que pareça, muitos empreendedores menosprezam os próprios diferenciais na hora de competir e ganhar espaço em seu segmento de mercado.

Algumas vantagens das pequenas e médias empresas

Agilidade

Há uma maior velocidade na tomada de decisões, com implementações rápidas e que não demandam o entendimento e a aprovação de tantos gestores. Também pode-se falar na celeridade da comunicação, que é ágil por possuir poucos interlocutores.

Um exemplo que sintetiza bem essa vantagem das micro e pequenas empresas (MPEs) aconteceu com o segmento de farmácias e drogarias durante o início da pandemia de covid-19 em 2020. Com a quarentena e a consequente restrição na circulação de pessoas, até as farmácias, consideradas serviço essencial, foram obrigadas a implementar o atendimento on-line e o delivery para conseguir faturar.

Me lembro de assistir a uma *live* com um dos diretores da maior rede de farmácias do Brasil em que ele dizia que, a partir do momento que foi instaurado o *lockdown*, eles demoraram trinta dias para iniciar as vendas por aplicativos de mensagens e realizar a entrega por motoboys. A demora se deu porque precisaram reunir a diretoria e os líderes, treinar pessoas, implementar uma nova tecnologia de atendimento, qualificar novos parceiros e fornecedores, entre outras ações necessárias. A farmácia do bairro, por sua vez, levou apenas um dia.

Começou a anunciar o número do WhatsApp nas redes sociais e fechou parceria com um motoboy para a realização das entregas.

O mesmo ocorre em várias outras situações. Imagine, por exemplo, o gestor de uma multinacional quando tem uma ótima ideia. Por melhor que ela seja, ele não pode efetivá-la imediatamente. Antes de tirar do papel, é preciso respeitar a hierarquia, seguir o fluxo de processos, passar por várias etapas de avaliação e contar com o apoio de outros membros diretores até ser aprovada, para só então ser colocada em prática. Já o pequeno e médio empreendedor pode executar sua ideia e ação quase que imediatamente.

Repare que não se trata de uma simples competição entre o maior e o menor, é entre o mais rápido e o mais lento.

Proximidade

Uma tendência acentuada pós-pandemia será o crescimento dos considerados comércios de bairro, aqueles estabelecimentos situados na vizinhança, bem próximos das residências. A vantagem aqui é, além da proximidade geográfica, também uma proximidade afetiva com o empreendedor local, que passa a ter um relacionamento mais próximo e personalizado do que as grandes empresas conseguiriam realizar.

Conhecimento

O pequeno empreendedor geralmente conhece o consumidor, alguns de seus parentes e até os pets da família. Boa parte sabe o nome dos clientes mais assíduos, o item de que cada um mais gosta, o produto preferido dos filhos... todos dados valiosos e geralmente difíceis de serem conseguidos em um mundo com tantas relações impessoais. Antoine de Saint-Exupéry, autor do famoso livro *O Pequeno Príncipe*, certa vez, disse uma frase que tem tudo a ver com isso e o mundo empreendedor: "Ninguém ama aquilo que não conhece".

Personalização

Uma das maneiras de o pequeno se diferenciar é a facilidade para personalizar atendimento, o produto ou a entrega dele. Para se ter uma ideia da relevância dessa prática, um estudo publicado pela Accenture[34] mostrou que 56% das pessoas tem maior probabilidade de fazer compras em uma loja que os reconheça pelo nome; 58% são mais propensos a fazer uma compra quando um varejista recomenda opções com base nas suas compras anteriores; 65% dos clientes ficam mais propensos a comprar de uma loja física ou on-line que conhece seu histórico de compras; 75% dos consumidores são mais propensos a comprar das empresas que oferecem esses três diferenciais.

Podemos ter uma prova disso ao perceber que 25% dos calçados vendidos on-line, nos Estados Unidos, são customizados, e o total das vendas desse tipo de produto somou 2 bilhões de dólares em 2019, segundo dados publicados pela Business Wire – Global Athletic Footwear Market.[35] No capítulo 8, você irá encontrar alguns exemplos simples e práticos para customizar produtos ou serviços, gerando uma experiência encantadora e personalizada.

Ao analisar cada uma dessas quatro vantagens das MPEs, é possível notar que, na verdade, todas elas são formas diferenciadas de atender, comunicar ou vender. E, por isso, é indicado que essas competências sejam exploradas ao máximo.

Perceba que essas vantagens competitivas do pequeno e médio negócio concentram-se justamente no relacionamento que a empresa tem – ou pode tentar ter – com essa peça-chave para o sucesso chamada cliente. Os diferenciais estão direta ou indiretamente ligados ao atendimento do consumidor final. Por isso, essa prestação de serviço precisa ser feita com qualidade, não pode ser pensada apenas como uma forma de cumprir tabela, mas sim como algo fundamental para a sustentação de seu negócio.

---

34 CONSUMERS Welcome Personalized Offerings but Businesses Are Struggling to Deliver, Finds Accenture Interactive Personalization Research. **Accenture**, 13 out. 2016. Disponível em: https://newsroom.accenture.com/news/consumers-welcome-personalized-offerings-but-businesses-are-struggling-to-deliver-finds-accenture-interactive-personalization-research.htm. Acesso em: 13 jul. 2021.

35 TOP 3 Trends Impacting the Athletic Footwear Market in the US Through 2020: Technavio. **BusinessWire**, 23 ago. 2016. Disponível em: https://www.businesswire.com/news/home/20160823005099/en/Top-3-Trends-Impacting-the-Athletic-Footwear-Market-in-the-US-Through-2020-Technavio. Acesso em: 13 jul. 2021.

> **Atender com excelência não pode ser apenas uma prática isolada. Deve ser uma cultura a ser vivenciada diariamente.**

Você lembra que, no início do livro, falamos sobre o que era preciso para implantar uma cultura de encantamento? Aqui está a resposta: implementando o método S.T.A.R.S.

Método S.T.A.R.S.

O S.T.A.R.S. consiste em um conjunto de ações – um passo a passo – que visa maximizar o encantamento do cliente de maneira a potencializar os resultados da sua empresa para fazer seu negócio decolar, explorando um dos maiores diferenciais competitivos que uma empresa pode ter: o atendimento de excelência.

S.T.A.R.S. é um método fácil, barato e de fácil implementação nos pequenos e médios empreendimentos. Trata-se de um procedimento em cinco passos que formam um acróstico que dá nome ao método:

- **S**elecionar as pessoas certas;
- **T**reinar a equipe investindo quase nada;
- **A**valiar o pessoal a um custo próximo de zero;
- **R**econhecer o time investindo bem pouco;
- **S**urpreender os clientes.

A partir de agora, cada um dos capítulos tratará de um dos cinco pilares do método S.T.A.R.S. O objetivo é fazer com que você entenda a importância de cada fase e aprenda a aplicar na realidade da sua empresa. Vamos lá?

REFLEXÕES

Reflexões propostas	Respostas
Quais são os pontos fortes da sua empresa? Observação: pontos fortes não podem ser o que seu negócio faz bem, devem ser algo que se faz de modo espetacular, principalmente quando comparado com seus concorrentes.	
Qual é o seu maior diferencial perante os concorrentes?	
Os clientes percebem facilmente seus diferenciais?	
Em qual aspecto sua empresa tem vantagem sobre as grandes corporações?	

ATENDIMENTO ENCANTADOR

Reflexões propostas	Respostas									
Ao fazer um rápido raio x sobre as etapas do método S.T.A.R.S., qual nota você daria atualmente para sua empresa nos seguintes quesitos:	1	2	3	4	5	6	7	8	9	10
- Selecionar as pessoas certas										
- Treinar a equipe										
- Avaliar o pessoal										
- Reconhecer o time										
- Surpreender os clientes internos e externos para encantar e decolar										
Ideias										

Selecionar as pessoas certas

capítulo 04

Geralmente, o empreendedor iniciante até começa fazendo muita coisa sozinho, mas, com o tempo e o bom andamento das atividades, será preciso formar uma equipe para ajudar no processo de produção, administração, compras, logística e atendimento ao cliente.

Antes de mais nada, o empreendedor de sucesso precisa saber ser um gestor de pessoas, um entendedor de gente. Tenha em mente que um negócio não é um CPF comprando de um CNPJ, são indivíduos que fazem negócios com outros indivíduos.

"100% dos clientes são pessoas. 100% dos funcionários são pessoas. Se você não entende de pessoas, você não entende de negócios."

Simon Sinek[36]

É justamente isso que o empreendedor deve ter em mente ao planejar o atendimento ao cliente. Quem atende diretamente os consumidores costuma ser o cartão de visita da empresa, porque esse contato direto com o cliente pode propiciar uma experiência positiva ou negativa que, a partir daí, irá criar a imagem da sua organização. Então essa função deve ser assumida por alguém com a sensibilidade necessária para atender aos desejos do consumidor.

---

36 METANOIA Lab, Ep. 20: Simon Sinek pt.2: inovação x eficiência, reinvenção pós-Covid 19, e ser palestrante. Apresentado por Andrea Iorio. Spotify, ago. 2020. *Podcast*. Disponível em: https://metanoialab.com.br/cases/__trashed/. Acesso em: 3 jul. 2021.

Quando, por exemplo, vamos até um comércio e somos mal atendidos, não lembramos por muito tempo o nome do vendedor indiferente, mas costumamos recordar muito bem o nome da loja em que o fato ocorreu e falamos dessa jornada negativa para várias pessoas do nosso círculo. É por casos como esse que a qualidade no atendimento é uma grande responsabilidade tanto para quem contrata e treina a equipe quanto para quem veste a camisa e topa atuar no pelotão de frente do atendimento ao cliente.

É fundamental ser bem criterioso na hora de selecionar um funcionário para essa função, porque, se contratar alguém com um perfil errado, possivelmente o treinamento será ineficaz, as motivações serão ineficientes, a avaliação será negativa e a demissão será o caminho mais provável, gerando prejuízos e decepções para ambas as partes.

Por isso, devemos tomar vários cuidados e ser extremamente assertivos na hora de selecionar e compor a equipe, em especial, o time de atendimento. Tenha em mente que gostar de gente é um elemento básico e fundamental para quem almeja encantar clientes.

Como contratar os melhores para seu time de atendimento

"Atendimento e inovação são as únicas coisas que não se tornarão *commodities*, pois dependem das pessoas."

Luiza Helena Trajano[37]

Talvez você já tenha se decepcionado com alguma contratação ou com a postura inadequada de um funcionário e pensou que é o único que consegue realizar um bom atendimento para seu público. Mas acredite,

---

37 "ATENDIMENTO e inovação são as únicas coisas que não se tornarão commodities, pois dependem das pessoas", diz Luiza Trajano. **IstoÉ Dinheiro**, 28 set. 2018. Disponível em: https://www.istoedinheiro.com.br/atendimento-e-inovacao-sao-as-unicas-coisas-que-nao -se-tornarao-commodities-pois-dependem-das-pessoas-diz-luiza-trajano/. Acesso em: 3 jul. 2021.

não se pode generalizar e achar que nenhum funcionário irá conseguir fazer o serviço da forma que você idealizou.

Você já contratou errado, teve um funcionário que parecia ideal para a sua empresa, mas que, na prática, não era tão bom assim ou teve um colaborador que, aprontou alguma coisa? Todo mundo com um empreendimento já passou por isso pelo menos uma vez, mas não perca as esperanças, não desacredite no ser humano.

"É indispensável que eu saiba suportar duas ou três lagartas para conhecer as borboletas."

Antoine de Saint-Exupéry[38]

Em seu livro *Empresas feitas para vencer,*[39] Jim Collins apresenta uma pesquisa com diversas organizações de sucesso e usa os resultados dessas empresas para defender uma teoria: o maior diferencial das empresas vencedoras não são as pessoas, são as pessoas certas. Ou seja, não basta simplesmente contratar, é preciso montar uma equipe com o perfil certo de pessoas para a área desejada.

Mas como selecionar as pessoas certas?

A seguir, vou abordar cinco pontos cruciais que devem ser observados para fazer a contratação mais assertiva possível:

I. Contrate atitude

Atualmente, há vários tipos de testes de perfil comportamental que consistem em questionários para identificar a personalidade do candidato. Essas metodologias agrupam as pessoas em perfis conforme suas atitudes ante diversas situações hipotéticas. Esse tipo de teste é cada vez mais comum nas organizações para selecionar com mais eficiência e contratar com mais assertividade.

---

38 SAINT-EXUPERY, A. **O Pequeno Príncipe com ensinamentos de Jesus e da Bíblia**. Rio de Janeiro: Petra, 2016.

39 COLLINS, J. **Empresas feitas para vencer**: por que algumas empresas alcançam a excelência... e outras não. Rio de Janeiro: Alta Books, 2018. p. 27 e 93.

Um levantamento realizado em 2018 pela Page Personnel,[40] consultoria global de recrutamento, apontou que nove em cada dez profissionais são contratados pelo perfil técnico e demitidos pelo comportamental.

O estudo mostra que muitos gestores acabam contratando profissionais bem qualificados tecnicamente, com um currículo repleto de bons cursos e atividades complementares, mas as atitudes comportamentais cotidianas do funcionário levam à demissão. Ou seja, se tiver que escolher entre um bom currículo ou um comportamento congruente com os valores da sua organização, fique com a segunda opção. Lembre-se sempre de que habilidades podem ser adquiridas ou aperfeiçoadas com disposição e treinamento, já as atitudes e hábitos, nem sempre.

Em 2019, fiz uma qualificação no instituto Disney, em Orlando, que falava sobre contratações, e o treinador enfatizou que o departamento de recursos humanos da Disney tem um lema bem claro: "Contratamos atitudes e treinamos habilidades". A experiência é importante, mas uma atitude proativa e disposição para aprender podem ser ainda melhores.

Em 2001, fui contratado por uma grande empresa de bebidas para atuar como gestor de uma equipe de vendas, atendimento e merchandising.

Certo dia, eu estava trabalhando na minha mesa quando minha secretária disse que havia um rapaz da marinha querendo falar comigo. Curioso, eu o recebi. Ele me disse que gostaria de uma oportunidade na área de vendas.

Quando eu perguntei qual era a experiência dele com vendas, ele respondeu que era quase zero, mas complementou: "Sou uma pessoa honesta e trabalhadora. Nos últimos cinco anos, não faltei nenhum dia no trabalho. Por atuar na marinha, sou uma pessoa extremamente dedicada, disciplinada, determinada e persistente. Adoro aprender e, como assumo que não sei quase nenhuma técnica de vendas, sou humilde para reconhecer e serei incansável para escutar, treinar e aprender. Está aqui o contato do meu ex-chefe para ter referências a meu respeito".

---

40 9 EM cada 10 profissionais são contratados pelo perfil técnico e demitidos pelo comportamental. **G1 Economia**, 18 set. 2018. Disponível em: https://g1.globo.com/economia/concursos-e-emprego/noticia/2018/09/18/9-em-cada-10-profissionais-sao-contratados-pelo-perfil-tecnico-e-demitidos-pelo-comportamental.ghtml. Acesso em: 3 jul. 2021.

Ele começou a trabalhar, foi o vendedor mais esforçado, o que mais treinou e se desenvolveu. No fim do ano, foi esse rapaz quem recebeu o prêmio de melhor vendedor da equipe. Imagine se eu tivesse apenas olhado o currículo e descartado pela falta de experiência?

Pense e descubra as atitudes que você considera vitais para o sucesso na função de atendimento e lembre-se de buscá-las na hora de atrair e selecionar as pessoas certas para se relacionarem com os clientes.

Na hora de selecionar, em especial para a área de atendimento, não esqueça que será fundamental que o colaborador goste de se comunicar e de se relacionar com pessoas, que aprecie acolher e tratar bem o outro. Afinal, para atender bem, é vital gostar de gente.

Encantar é querer o melhor para o próximo!

2. Parentesco não é sinônimo de competência

É comum trabalhar com entes familiares. Dados do IBGE[41] indicam que 90% das empresas no Brasil possuem perfil familiar. Com isso, elas chegam a representar cerca de 65% do PIB nacional e são responsáveis por empregar 75% dos trabalhadores do país.

Porém, o fato de você ter algum parentesco com o candidato não pode ser o único item a ser considerado em uma contratação, e isso não deve sobrepor a análise das competências do profissional.

Muitas vezes, pensamos que contratar um familiar é comum e mais fácil, afinal ele pode estar ali precisando e pedindo uma oportunidade. Mas, às vezes, a demissão de um profissional que tenha parentesco pode comprometer tanto o relacionamento em família que irá atrapalhar também o bom andamento das atividades empresariais.

Deixo claro que não sou contrário à contratação de um familiar, eu mesmo já contratei alguns, o que rejeito é o parentesco sobrepor as competências e atitudes.

Vale, então, memorizar essas duas frases:

---

[41] SAMPAIO, L. Empresas familiares e plano de sucessão. **PWC Brasil**, 2 dez. 2019. Disponível em: https://www.pwc.com.br/pt/sala-de-imprensa/artigos/empresas-familiares-e-plano-de-sucessao.html. Acesso em: 3 jul. 2021.

- Nem sempre o mais fácil é o melhor para sua empresa.
- Não contrate quem você não possa demitir com facilidade.

3. Discurso × Referências

Outro ponto importante em uma contratação é não decidir por algum candidato baseado apenas na lábia. Peça ao profissional referências dos empregos anteriores e realmente consulte esse histórico, verifique cuidadosamente as valiosas informações passadas.

Talvez você já tenha passado por isto: durante a entrevista, alguém teve um discurso perfeito, aparentava ser um exímio funcionário, prometeu mundos e fundos... mas quando chegou a hora da prática, foi só decepção.

Pare por um minuto e reflita sobre quais características são imprescindíveis para o melhor funcionário do mundo. Lembre-se dessa reflexão na hora de contratar.

Cuidado ao achar que o melhor funcionário do mundo é aquele que está desempregado e à sua frente falando maravilhas durante a entrevista. Sabe por quê?

Para uma entrevista de emprego, por exemplo, o candidato geralmente chega extremamente motivado, cheio de boa vontade, disposto a trabalhar em diversas funções, flexível com os dias e horários, se diz comprometido com as metas e valores da empresa, costuma achar o salário bom, não apresenta impeditivos para a sua melhor performance e aponta essa oportunidade como o melhor trabalho de sua vida. O entrevistador gosta e contrata.

Mas, passados seis meses, o empregador perceberá que a motivação e disposição não estão no mesmo índice entusiasta do início, o funcionário já descobriu pontos negativos nessa relação empregado-empregador, e o seu comportamento e resultados começam a declinar. E o empregador se pergunta: onde está aquela pessoa da entrevista?

Aquela pessoa não existe mais. Durante a entrevista, ele era o desempregado em busca de uma oportunidade e, agora, ele é o empregado que conhece a sua empresa.

Veja como os dois momentos distintos fazem as pessoas encararem de maneira diferente a mesma situação.

SELECIONAR AS PESSOAS CERTAS

É possível imaginar o quanto uma pessoa desempregada espera pela segunda-feira! Muitas vezes, o profissional passa o domingo procurando vagas nos jornais ou na internet e se enche de esperança quando encontra uma oportunidade.

Se a entrevista está agendada para segunda-feira, ele acorda bem cedo, se arruma com todo capricho e cuidado, coloca a melhor roupa, se enche de entusiasmo e parte para a seleção com muita motivação, proatividade e vontade de vencer. Geralmente, mentaliza fatos positivos e promete que, se a vaga lhe for concedida, fará jus à confiança e dará o melhor de si para atender as expectativas do contratante. Esse otimismo e performance ocorrem normalmente com quem sai de casa na segunda-feira apostando tudo nessa entrevista e esperando ser contratado.

Agora, veja outra situação: muitos líderes percebem funcionários que já chegam na segunda-feira de manhã desmotivados, cansados, com cara de poucos amigos e alguns até contrariados pelo fato de que tiveram de abrir mão de um programa no domingo à noite para poder chegar tão cedo na segunda-feira para trabalhar.

Percebeu a diferença nas atitudes? O ser humano, para usar uma expressão conhecida, costuma mesmo ter essa característica de ser um ótimo conquistador e um péssimo amante e valoriza grandiosamente o que ainda não possui, em muitos casos, depois da conquista, parecer menosprezar, não valorizar ou até não cuidar da oportunidade que recebe com o mesmo apreço e vigor de antes.

Por isso, uma dica de ouro é ir além e tentar entender mais a fundo a personalidade do seu entrevistado. Não se deixe levar apenas pela primeira impressão, peça referências dos trabalhos anteriores e não deixe de fazer essa ponte com os empregadores e líderes que já trabalharam com o candidato, explique que você está considerando contratar a pessoa e questione-os sobre características que você considera fundamentais para o seu negócio. Algumas das questões podem ser:

- O que ele fazia de melhor enquanto trabalhava aí?
- Qual é o ponto forte dele?
- Há algum ponto fraco que você destacaria?
- Por que ele saiu da empresa?

- Em qual tarefa ele se destacava?
- Qual era a atitude dele no dia a dia?
- Ele realizava com boa vontade a rotina de trabalho?
- Como era o comportamento dele diante do cliente?
- Ele demonstrava interesse em aprender?

4. Valores empresariais

Muito se fala sobre a missão, a visão e os valores da empresa, mas você sabe o que significa cada um desses termos? Veja a seguir:

- **Missão:** é a razão pela qual a empresa existe;
- **Visão:** onde ela deseja chegar;
- **Valores:** crenças e filosofias que norteiam a atuação da empresa e de seus colaboradores.

São esses valores – os ideais de uma empresa e suas regras de conduta – que regem a organização e devem ser compartilhados e exigidos de todos os funcionários. É aquilo que sua empresa enaltece, acredita e trata como inegociável na conduta dos integrantes, ou seja, o que é permitido e o que não é aceitável dentro da organização passa pela análise dos valores.

Veja como exemplo os valores de três grandes empresas:

- **Gol Linhas Aéreas:** Segurança, baixo custo, time de águias, inteligência e servir.
- **Netflix:** Produtividade, criatividade, inteligência, honestidade, comunicação, paixão, altruísmo e confiança.
- **Lojas Riachuelo:** Ética e respeito, solidez financeira, austeridade administrativa, meritocracia, aperfeiçoamento constante, responsabilidade social, servir ao cliente, governança corporativa e atitude vendedora.

Defina claramente quais são os valores da sua empresa e, na hora de contratar, busque pessoas com atitudes semelhantes ao que sua empresa espera e exige dos funcionários.

Quando você está realizando uma seleção, é interessante, logo na entrevista, já deixar claras as regras, condutas e valores praticados na empresa e que, por consequência, são esperados do candidato. Essa atitude economiza tempo de ambos os lados e não deixa margem para interpretações errôneas.

*"Se você tem valores e padrões claros,
é fácil tomar decisões."*
Roy E. Disney[42]

5. Prefira os otimistas para atender os clientes

Otimismo é estar à disposição para enfatizar o que é positivo. Essa atitude tem um poder tão grande que vem sendo muito estudada com vários benefícios já comprovados tanto no âmbito pessoal como no profissional. Um estudo da Universidade de Boston mostrou que os otimistas costumam viver entre 11% e 15% a mais do que os pessimistas.[43]

"Otimismo é estar à disposição para enfatizar o que é positivo."

Um estudo realizado pela Universidade Harvard[44] em conjunto com o Hospital Monte Sinai de Nova York revelou que os otimistas têm 35% menos chances de sofrerem um evento cardiovascular, como um infarto ou derrame.

---

42 COLAN, L. A Lesson from Roy A. Disney on Making Values-based Decisions. **Inc.**, 24 jul. 2019. Disponível em: https://www.inc.com/lee-colan/a-lesson-from-roy-a-disney-on -making-values-based-decisions.html. Acesso em: 3 jul. 2021.

43 TAVARES, M. Nova pesquisa comprova que otimistas vivem mais. **G1 Bem estar**, 8 set. 2019. Disponível em: https://g1.globo.com/bemestar/blog/longevidade-modo-de-usar/post/2019/09/08/nova-pesquisa-comprova-que-otimistas-vivem-mais.ghtml. Acesso em: 3 jul. 2021.

44 PESSOAS otimistas têm menos chance de sofrer com doenças do coração. **Uol**, 28 set. 2015. Disponível em: https://www.uol.com.br/vivabem/noticias/redacao/2019/09/28/pessoas-oti mistas-tem-menos-chance-de-sofrer-com-doencas-do-coracao.htm. Acesso em: 13 jul. 2021.

Os resultados de uma pesquisa realizada pela Universidade da Pensilvânia[45] mostraram o impacto positivo do otimismo nos resultados profissionais ao revelar que vendedores otimistas venderam 56% a mais do que os pessimistas durante o lançamento de um serviço de uma grande seguradora.

É comum perceber que os indivíduos otimistas costumam ser mais felizes e criativos do que os pessimistas, e o atendimento ao cliente exige disposição, boa vontade e rapidez para criar soluções inovadoras. Portanto, na hora de escolher alguém para cuidar dos seus clientes, além de analisar os quatro pontos anteriores (Atitude, Competência, Referências e Valores), dê preferência aos otimistas.

Imagine que você tenha que contratar um atendente ou vendedor e precise escolher entre o profissional A e B. Vale lembrar que nenhum profissional é perfeito.

- **CANDIDATO A:** Tem experiência no atendimento ao cliente e domina várias técnicas de vendas. Será preciso estimular sua proatividade, não passou referências de empregos anteriores, tem perfil pessimista e valores um pouco diferentes dos exigidos pela empresa.
- **CANDIDATO B:** Não tem muita experiência, desconhece as melhores técnicas de abordagem ao cliente e precisará de um treinamento profundo. É um profissional superproativo, tem ótimas referências e os valores pessoais são totalmente congruentes com a filosofia da empresa.

Na situação apresentada, é bem mais indicado escolher o candidato B, afinal tudo leva a crer que um treinamento interno poderia resolver sua falta de experiência ou que um treinamento externo bastaria para capacitá-lo sobre as formas de atendimento e a abordagem de vendas desejadas pela empresa.

---

[45] SER otimista traz benefícios financeiros. **IBE**, 30 abr. 2019. Disponível em: https://ibe.edu. br/ser-otimista-traz-beneficios-financeiros/. Acesso em: 21 jul. 2021.

Lembre-se de que, muitas vezes, o melhor atendente pode não ser aquele que vende dez, mas não consegue encantar e não faz o cliente voltar. O melhor é aquele que pode até vender oito, mas, além de vender, encanta, e, consequentemente, o consumidor volta outras vezes, transformando-se em um multiplicador da sua marca e empresa.

Então, na hora de selecionar e contratar, não se apegue tanto aos conhecimentos técnicos e habilidades; selecione atitudes, valores congruentes com o que sua empresa julga mais importante e desenvolva as habilidades que considera necessárias para a função.

Há empresas de recursos humanos, consultorias e recrutadores especializados na seleção de talentos que podem recrutar os profissionais para sua empresa. Caso você seja o entrevistador ou esteja diante de um pretendente à vaga, vale a pena fazer algumas das perguntas a seguir e, a partir daí, avaliar se está escolhendo o perfil mais adequado:

- Pode falar um pouco sobre você?
- Por que você tem interesse em trabalhar nesta empresa?
- Como poderia colaborar com nossa organização?
- Em uma situação desafiadora "X", qual seria sua atitude?
- Em uma ocasião "Y", como você se comportaria?

Vale perguntar também:

- Pode falar sobre algo que não deu certo em sua trajetória profissional?
- Pode citar alguma vitória pessoal de que se orgulha?
- Consegue se lembrar de alguma conquista em equipe?
- Quais são seus valores de vida?
- Como você se vê daqui a cinco anos?

Processos: a bússola que todos precisam

"Nossa, eu entendi que era para fazer dessa maneira, por isso deu errado."

Você já escutou essa frase vinda de algum funcionário?

A ARTE DE ENCANTAR CLIENTES

> "Comunicação não é o que você diz,
> é o que os outros entendem."
>
> David Ogilvy[46]

Essa brilhante frase, proferida pelo pai da publicidade, o britânico David Ogilvy, resume bem o que ocorre em tantas empresas, principalmente nos negócios de pequeno e médio porte, nos quais, muitas vezes, o próprio empreendedor dita as regras e afazeres e nem sempre é compreendido como gostaria.

Isso ocorre porque o líder fala "A", mas o colaborador entende "B". E a falha na comunicação resulta em desentendimentos, prejuízos e descontentamentos, tanto do gestor como dos clientes.

Os processos organizacionais são rotinas que sistematizam as atividades e servem não só para evitar problemas de comunicação, como esse exemplificado anteriormente, como também para facilitar o monitoramento das atividades, mediar o relacionamento entre os setores, reforçar o entendimento sobre os afazeres, avaliar os resultados e, até mesmo, ajudar na implementação de novos processos e melhorias no negócio.

Quando um erro acontece, não caia na tentação de criticar a pessoa nem o trabalho, pense o que pode ser evitado ao apenas ajustar o processo de execução.

Ao descrever os processos na sua empresa, é preciso colocar por escrito a rotina e detalhar os afazeres, deixando pouca margem para subjetividades e "achismos", o que aumenta consideravelmente a eficiência. Afinal, tudo está ali minuciosamente explicado.

Imagine que um funcionário precise fazer um trabalho que ainda não domina, como, por exemplo, untar a assadeira do bolo perfeitamente. Bastaria ler o processo e seguir o passo a passo existente.

---

[46] GARGANTINI, S. Branding é o que o seu cliente entende. **Branding para Negócios**, 24 fev. 2021. Disponível em: https://brandingparanegocios.com.br/tags/comunicacao/. Acesso em: 3 jul. 2021.

Uma das metodologias mais conhecidas, e que você pode utilizar para criar os processos na sua empresa, é o PDCA, formado pelas quatro etapas descritas a seguir.

- **PLAN:** Planejar. O empreendedor, gestor ou sua equipe analisa o processo, sugere e descreve a melhor forma de realizar uma determinada atividade;
- **DO:** Fazer. Executar as novas rotinas sugeridas;
- **CHECK:** Checar. Verificar se a execução descrita é realmente a melhor e mais efetiva maneira de realizar a atividade;
- **ACT:** Agir. Ao comprovar resultados positivos, o processo é aprovado e considerado como novo padrão para realização da tarefa e deverá ser seguido por todos.

Entre os principais benefícios do PDCA estão maior organização e harmonia, diminuição dos índices de retrabalho, redução de custos, agilidade na produção e uniformidade nos resultados, o que aumenta a satisfação do cliente e reflete na rentabilidade da empresa.

Para criar um bom processo, imagine a seguinte situação: a partir de agora, você não poderá falar com nenhum funcionário. Será que tudo sairá perfeitamente se esses colaboradores só puderem ler as rotinas e afazeres? Não ficou nenhum passo ou dica de fora? Daí a relevância de iniciar, mesmo que aos poucos, o registro dos processos de todas as atividades executadas na empresa.

Prepare sua empresa para virar franquia

Imagine outra situação: um empreendedor quer abrir uma franquia da sua empresa. Ele não vai conseguir ficar conversando e tirando todas as dúvidas diariamente com você, certo? Então, o que as franquias fazem? Colocam tudo por escrito, montam um passo a passo que cubra todas as questões, do operacional, visual, equipamentos, divulgação, materiais e também dos processos.

Ao escrever e detalhar cada etapa, é possível eliminar a subjetividade e reduzir ruídos de comunicação. Da mesma forma, ao deixar por escrito cada etapa, aos poucos, você elimina as dúvidas quando seu funcionário não tiver certeza do que fazer a seguir ou como agir em determinadas situações.

Um processo no atendimento pode ser facilmente desenvolvido, é o que chamamos de script do atendimento ao cliente. O script pode ser definido como um roteiro que contém o passo a passo que o atendente deve seguir ao entrar em contato com os clientes ou potenciais consumidores da empresa. Ele serve como um guia, com indicações do que falar e do que responder a cada etapa da conversa com o consumidor.

O script também pode ser adotado para outras atividades rotineiras do trato com o consumidor, como, por exemplo, na hora de cobrar um cliente. A seguir, apresento um exemplo de roteiro seguido no atendimento de compras a crédito para evitar o pedido fiado e diminuir a inadimplência.

Exemplo de script

1º passo: Ficha cadastral

A dica é criar uma rotina de atendimento ao cliente que cubra desde a entrada na loja até a hora de ir embora. Se o cliente for comprar, é importante fazer um cadastro anotando nome, endereço, telefone e CPF. É preciso fazer de imediato a consulta do CPF para saber se o cliente é um bom pagador ou se está devendo na praça. Munido dessa informação, é possível tomar a decisão de dar o crédito ou não.

A empresa não deve fazer o serviço sem antes definir bem as condições de pagamento com o cliente.

2º passo: Aprender a dizer não

Sim, às vezes não é fácil, mas é necessário ter a coragem de negar algumas vendas. Principalmente aquelas que são para clientes que querem comprar e nem sempre querem pagar.

Fiado vem da palavra "confiado" e, muitas vezes, é sinônimo de imprecisão e insegurança. Isso pode comprometer o seu negócio.

Recentemente, o dono de um supermercado me falou que a meta dele era dobrar o faturamento em um ano. Ele conseguiu, mas, pouco tempo depois, fechou as portas. Vendeu para quem não devia e quebrou.

É fundamental fazer uma análise criteriosa de clientes que estão aptos a receber crédito, trata-se de uma das atribuições do empreendedor de sucesso.

3º passo: Aviso de vencimento

Entre os principais motivos pelos quais as pessoas não pagam as contas estão não ter o dinheiro no momento do vencimento ou se esquecer de pagar. Quantas vezes o consumidor deixa de pagar a conta de água, luz, telefone, condomínio etc. porque o boleto não chegou? Então a sugestão é criar um lembrete de ouro, um aviso de vencimento que você envia para o e-mail ou celular do cliente. Assim, no dia do vencimento, ele é alertado da fatura em aberto, e você elimina a desculpa "esqueci", o que reduz a inadimplência na sua empresa.

4º passo: Parcelamento

É importante negociar. Se o cliente já foi avisado e não pagou, não fique esperando: entre em contato, descubra o que aconteceu e, se for o caso, tente receber de maneira parcelada. Mesmo que no dia ele não tenha o montante total, aceite receber aos poucos.

Parece curioso, mas uma outra forma de receber o fiado é continuar vendendo. Claro que de uma forma diferente, veja: se uma pessoa que está devendo 300 reais no seu comércio e aparecer para comprar mais 100 reais, não deixe de vender. Você concorda em atender o cliente desde que ele pague à vista 150 reais, ou seja, 100 reais da compra atual e 50 reais referentes à conta que está em aberto, assim você mantém o cliente ativo e amortiza a dívida antiga.

5º passo: Valor diferenciado

Se você vende no crediário e quer diminuir esse tipo de venda a prazo que tem maior risco de inadimplência, vale a pena apostar em um preço diferenciado. Imagine uma roupa que, no crediário, sai por 80 reais, mas, se o cliente optar por pagar em dinheiro ou no cartão de crédito, sairá por 70 reais. Dessa maneira, algumas pessoas vão preferir a compra com desconto. É uma forma de direcionar as vendas para um meio de pagamento mais seguro.

6º passo: Pequenas Causas

Para aqueles clientes que você já tentou cobrar e não obteve êxito, vale a pena tentar a ajuda no Juizado Especial Cível (JEC), o famoso Pequenas Causas. Um conciliador irá chamar as partes envolvidas para tentar viabilizar um acordo, e diversos casos são bem resolvidos entre noventa e cento e vinte dias.

7º passo: Negativação

Se nada adiantou, cabe ainda analisar a possibilidade de negativar o cliente. Você paga um determinado valor e negativa o nome do mau pagador. Ele vai procurar você para quitar a dívida assim que precisar do nome limpo para conseguir algum crédito.

Isso aconteceu comigo quando trabalhava em uma empresa de alimentos. Um cliente não pagou e foi negativado. Dois anos depois, ele entrou em contato dizendo que estava tentando um financiamento para comprar a casa própria e precisava do nome limpo. Demorou, mas ele quitou o valor com todos os juros.

Consegue perceber o processo e seu passo a passo? É uma rotina clara, simples e de baixo custo que tende a reduzir a inadimplência na sua empresa.

O cliente interno: quem é encantado, encanta!

Trate seus colaboradores da mesma forma que trata seus clientes externos e eles impulsionarão os resultados da sua organização. Uma pesquisa da PWC realizada em 2018[47] apontou que 71% dos consumi-

---

47 EXPERIÊNCIA é tudo: descubra o que realmente importa para o seu cliente. **PWC Brasil**, 2018. Disponível em: https://www.pwc.com.br/pt/consultoria-negocios/assets/experiencia_e_tudo_18_.pdf. Acesso em: 3 jul. 2021.

dores indicaram que os funcionários têm grande impacto em sua experiência de compra.

Pare para pensar: se o seu funcionário atender o cliente final com as mesmas atitudes com que é tratado na empresa, isso seria o ideal para a sua organização?

Quantas vezes nos deparamos com líderes que sugam e maltratam seus subordinados e depois esperam que os funcionários se esmerem em atender o cliente final? Há pouco tempo, em uma viagem entre uma palestra e outra, parei em um posto de combustível. Entrei na lanchonete para comer um lanche e, logo de manhã, fui tão mal atendido!

Enquanto eles preparavam o meu lanche, fui ao banheiro e imaginei ter descoberto o motivo da visita ter sido tão negativa: passei por funcionários com uniformes velhos, entrei em um banheiro que estava em situação precária, com mau odor, vários vasos sanitários sem funcionar adequadamente e sem papel nem sabonete para higienização. Fiquei imaginando se o dono desse posto sabe dessa situação. Será que ele pensa que seus funcionários, mesmo sendo maltratados, vão tentar encantar os clientes?

Já li o caso de um posto de combustível que colocou uma campainha e um aviso no banheiro: "Se algo estiver errado no recinto, por favor, aperte a campainha e nos ajude a construir uma experiência melhor".

Várias empresas vencedoras já entenderam que propiciar uma boa experiência ao cliente interno é tão relevante quanto criar uma experiência significativa ao cliente externo.

"Funcionários felizes potencializam a experiência dos clientes."

O cliente interno deve ser cativado e tratado como seu primeiro cliente. Sim, ele vem antes do cliente externo quando o assunto é cativar. Pense nisso e reflita sobre o tratamento e cuidado que vem oferecendo ao funcionário que, muitas vezes, irá replicar a sua atitude com o consumidor.

"Quem é encantado encanta!"

A ARTE DE ENCANTAR CLIENTES

REFLEXÕES

Reflexões propostas	Respostas
Quais atitudes comportamentais você julga como essenciais para sua equipe de atendimento?	
Você costuma escolher os funcionários priorizando parentesco e amizade ou busca as competências independentes dos vínculos?	
Na seleção do candidato, pediu referências e realmente fez contato com empregadores anteriores?	
Quais são os valores da sua empresa? Quais valores e crenças você também busca nos colaboradores?	
Os funcionários que atendem os clientes possuem um perfil mais pessimista ou otimista?	

SELECIONAR AS PESSOAS CERTAS

Reflexões propostas	Respostas
Quais perguntas relevantes você costuma fazer na entrevista de emprego?	
Você já tem algumas rotinas descritas detalhadamente ou atua com processos no formato PDCA?	
Você trata seus clientes internos (funcionários) como trata os clientes externos?	
O que você poderia fazer para que seus funcionários ficassem ainda mais felizes por trabalhar na sua empresa?	
Ideias	

Treinar a equipe investindo quase nada

capítulo 05

Em um mundo cada vez mais globalizado, competitivo e conectado, é fundamental o aprimoramento constante para se manter sempre atualizado sobre as inovações do mercado. Em uma visão simplista, é possível afirmar que uma empresa começa a piorar quando ela para de melhorar.

Enquanto alguns empreendedores alegam ter dificuldade para encontrar no mercado as competências desejadas, Peter Cappelli, autor do livro *A difícil tarefa de contratar a pessoa certa*, defende que não existe falta de pessoas competentes, o que existe é um déficit de treinamentos adequados.[48]

Há outros empreendedores que não sabem ao certo qual equipe deve ser treinada e, na dúvida, acabam não treinando ninguém. A boa notícia é que uma significante parte dos gestores sabem que necessitam capacitar suas equipes, só precisam tirar essa ideia do papel. Pare para pensar: qual foi a última vez que você treinou todo seu pessoal?

Saber que precisa treinar a equipe é o primeiro passo, mas fundamental mesmo é colocar isso em prática.

Todas as pessoas da empresa devem ser treinadas, inclusive o empreendedor, afinal, apesar de só uma parcela atuar na área comercial, todos são vendedores.

---

[48] CAPPELLI, P. **A difícil tarefa de contratar a pessoa certa:** o mito das habilidades que não existem. Rio de Janeiro: Elsevier, 2013.

"Alguns atuam na área comercial, todos são vendedores."

O líder deve dar o exemplo. Não adianta falar que qualificação é importante e os funcionários perceberem que a própria liderança não se qualifica ou se atualiza. Lembre-se de que um líder de sucesso é aquele que dá o exemplo, inspira e transforma pessoas e resultados.

Imagine a empresa como um time de futebol. Você é o técnico e sabe que a parte do time que mais faz gols é o ataque (a área de vendas e atendimento ao cliente). A parte que menos faz gols é a defesa (outras áreas da empresa). Isso posto, você considera genial treinar, então, apenas o setor de ataque, já que só eles são responsáveis por mudar o placar. Você entende como isso não vai funcionar?

Um estudo denominado Panorama de treinamento do Brasil 2019/2020, realizado pela Associação Brasileira de Treinamento e Desenvolvimento (ABTD) e pela Integração Escola de Negócios, visa a analisar e compreender os principais indicadores da gestão de treinamento e desenvolvimento (T&D) das empresas brasileiras.[49]

Para se ter uma noção, durante o ano de 2019, a média de investimento anual das empresas em treinamento de equipes foi de 652 reais por colaborador.

A pesquisa elenca os principais critérios que as empresas utilizam para definir a verba anual em T&D: 60% fazem um levantamento da lacuna de conhecimento que precisa ser preenchida; 56% tomam como base o valor investido no ano anterior; e 53% são norteadas pelos treinamentos previstos no planejamento estratégico da organização.

A distribuição do investimento entre os funcionários apresenta equilíbrio, sendo destinado 50% da verba para capacitação de líderes e 50% para não líderes. A pesquisa também mostrou que, das qualificações para não líderes, apenas 26% são ministradas para a área de vendas e atendimento ao cliente.

---

[49] T&D: Conheça os resultados do estudo Panorama de Treinamento no Brasil. **Eventos Recursos Humanos**, 1999-2021. Disponível em: https://www.eventosrh.com.br/blog/ted-treinamento-e-desenvolvimento-panorma-de-treinamento-no-brasil/. Acesso em: 3 jul. 2021.

Líder de sucesso é aquele que dá o exemplo, inspira e transforma pessoas e resultados.

A ARTE DE ENCANTAR CLIENTES

Há quem defenda a ideia de que, se algo deu errado na empresa, é por falta de um treinamento adequado ou contínuo. Mas não se preocupe, as grandes corporações também erram, e o importante é sempre lembrar o que disse Nelson Mandela: "Eu nunca perco, ou eu ganho ou eu aprendo".[50]

O que a equipe precisa aprender

Quando se almeja atender com excelência, é vital treinar desde o momento da acolhida, o tratamento na chegada, a abordagem inicial, as técnicas de vendas, os gatilhos mentais e a empatia, tudo isso para conseguir um atendimento completo e efetivo.

A seguir, detalharei práticas que, se bem treinadas e aplicadas, contribuirão para potencializar os resultados do seu atendimento e impulsionarão a performance do seu negócio.

Tripé básico do atendimento

Tenho realizado diversas palestras sobre atendimento ao cliente pelo Brasil, e uma das perguntas mais recorrentes é: "Como minha equipe deve receber o cliente?". Enumero a seguir os três passos básicos para quando os clientes se aproximarem da equipe:

1. Olho no olho
É preciso se conectar com as pessoas. Com a correria do cotidiano e tamanho volume de tecnologia para roubar nossa atenção, às vezes nos esquecemos de fazer o básico: olhar nos olhos das pessoas de maneira receptiva e com brilho nos olhos. Apenas recomendo cuidado para que o olhar não seja intimidador.

Por falar em intimidar, há algum tempo aconteceu algo assustador e, ao mesmo tempo, engraçado. Eu estava de mãos dadas com Mariana

---

50 SCHLECKSER, J. Nelson Mandela's Secret to Winning. **Inc.** 21 jun. 2016. Disponível em: https://www.inc.com/jim-schleckser/nelson-mandela-s-secret-to-winning.html. Acesso em: 3 jul. 2021.

andando pelo calçadão do centro da cidade onde moramos e, de repente, apareceram dois homens gigantes vestidos de preto que nos abordaram falando em voz alta: "Estão precisando de alguma coisa?". Eu, assustado, não consegui entender direito o que haviam dito e logo respondi: "Podem levar meu relógio e minha carteira, mas deixem minha filha em paz". Foi quando eles responderam: "Não é um assalto, apenas estamos convidando vocês para entrarem na loja". Eu disse na hora: "Nossa, que jeito agressivo de abordar, que susto!".

2. Sorriso no rosto

O segundo passo é acolher com um sorriso genuíno no rosto, algo leve, mas que demonstre alegria pela presença do consumidor. O sorriso pode ser sutil, mas lembre-se de que o objetivo não é flertar, e sim atender bem e vender.

3. Saudação animada

Faça uma saudação inicial animada, ou seja, com alma. Fale de maneira entusiasmada: "Bom dia!", "Boa tarde!" ou "Seja bem-vindo!". Expresse-se de modo que o cliente perceba que você, de fato, quer dizer as palavras que pronunciou.

Esses passos são tão básicos que a maioria dos vendedores se esquece de utilizar em seu dia a dia diante do cliente.

O básico de um atendimento de excelência já foi feito. Se quiser ir além e criar uma empatia ainda maior, passe a chamar o cliente pelo nome. Alguns vendedores me perguntam o que fazer caso não saibam o nome dos clientes ou sejam aqueles que esquecem com facilidade. Então, segue outra dica: pergunte o nome e, logo que o cliente responder, repita. Dessa forma, você confirmará a pronúncia correta e começará a gravar o nome do cliente com mais facilidade. Outra dica nessa hora é: ao repetir o nome do cliente, sempre tente fazer uma ligação mental com uma pessoa que você conhece (um parente, amigo ou familiar) e que tenha o mesmo nome ou ao menos seja semelhante.

Na abordagem inicial, também é importante a chamada "quebra de gelo": busque assuntos positivos para conversar com o cliente, evite ficar falando de problemas e fatos negativos durante o atendimento, seja um mensageiro do otimismo.

"Faça o que você faz tão bem que as pessoas vão querer vê-lo novamente e vão trazer seus amigos."

Walt Disney[51]

Atender antes de vender

Os campeões de vendas sabem que, antes de vender, é preciso atender com excelência. Aliás, atender bem é tratar bem, é importar-se verdadeiramente com a causa do outro.

Atender com excelência não pode ser apenas uma prática isolada que depende de fatores como humor, deve ser uma cultura a ser vivenciada por todos os funcionários.

Eu, como palestrante, ensino que, quando o atendimento encanta, você não precisa forçar a venda. O cliente compra! Você já deve ter escutado essa frase: "Atenda o cliente como você gostaria de ser atendido". Concorda com ela ou não?

Certa vez, estava trabalhando em uma capital do nordeste brasileiro e, ao término da minha palestra, um participante pediu a palavra e perguntou: "Erik, tenho uma atendente que trata os clientes que entram na loja por 'meu querido, meu amorzinho, meu bem'. O que você acha?".

Antes de responder, quero compartilhar com vocês algo que aprendi em uma das aulas do prof. dr. Smith que assisti durante uma qualificação internacional que fiz em Tampa (EUA). Ele falou sobre a regra de ouro do atendimento, que diz: "Atenda como gostaria de ser atendido". Mas, na mesma aula, o professor apresentou a evolução dessa regra e a chamou de regra de platina, veja o que diz: "Atenda da forma que o cliente prefere ser atendido". Repare que, na regra de ouro, basta utilizar com o cliente um vocabulário que eu considero agradável. Será esse mesmo o

---

51 DISNEY, W. **Quotefancy**, 2021. Disponível em: https://quotefancy.com/quote/930258/ Walt-Disney-Do-what-you-do-so-well-that-they-will-want-to-see-it-again-and-bring-their. Acesso em: 13 jul. 2021.

ideal? Eu penso que não, afinal o que pode agradar a um pode desagradar ao outro. Portanto, creio que a regra de platina seja a mais atual e assertiva para tratar o cliente hoje em dia. Tente identificar a forma como ele gosta de ser atendido e, se possível, assim o faça.

Vale lembrar, ainda, a importância de atender utilizando o *rapport*, um conceito originário da psicologia que tem como intuito criar empatia com o outro. É uma espécie de espelhamento em que o vendedor, ao mimetizar ações e tom de voz do cliente, pode criar maior sinergia e empatia entre as partes.

Por tudo isso, respondi ao participante que considerava melhor a atendente ter, a princípio, uma maneira de abordar um pouco mais neutra para não correr o risco de desagradar alguns clientes. Em seguida, ela pode avaliar a linguagem do indivíduo, identificar seu perfil e, a partir daí, definir por manter uma abordagem conservadora com os clientes mais comedidos e uma forma mais amável com os clientes mais calorosos. Dessa forma, haverá maior possibilidade de acertar na preferência do cliente e diminuir as situações constrangedoras para ambos os lados.

Escutatória

Já reparou como, desde criança, somos estimulados a falar? A fase adulta chega, e um treinamento de vendas costuma detalhar inúmeras frases e argumentos que o vendedor precisa saber usar com o cliente, ou seja, muito se estimula a oratória, e pouco se incentiva a escutatória.

O termo "escutatória"[52] foi cunhado a partir do título de uma crônica do saudoso autor brasileiro Rubem Alves no qual ele relata que está pensando em oferecer um curso para se aprender a escutar, já que parece que todo mundo quer aprender a falar, mas quase ninguém desenvolveu a arte de saber ouvir.

O vendedor moderno sabe que, além de fazer as perguntas adequadas, deve praticar a escutatória, ou seja, ouvir atentamente cada resposta do cliente. Alguns vendedores se concentram tanto no que

---

52 ALVES, R. **Escutatória**. Disponível em: http://www.caosmose.net/candido/unisinos/textos/escutatoria.pdf. Acesso em: 3 jul. 2021.

vão dizer que se esquecem de escutar o freguês, e muitas vezes perdem a chance de descobrir o melhor argumento para convencê-lo.

A grande sacada é, em vez de ficar falando, oferecendo itens e tentando empurrar produtos, preferir agir como um bom médico: faça perguntas assertivas para entender exatamente o que o cliente precisa, ouça atentamente as explicações, compreenda perfeitamente as necessidades e só depois sugira algo. Resumindo, é preciso entender para só depois atender.

Pratique a escutatória. Só assim ocorrerá uma venda verdadeiramente consultiva.

O verdadeiro campeão de vendas é aquele que entende a mensagem que o cliente não diz.

Técnicas de vendas

Vimos até agora que toda a equipe saber vender e atender é uma forma de ajudar a empresa a se destacar no mercado. Compartilho, então, algumas técnicas que considero importantíssimas para essa atividade persuasiva:

Técnica do conhecimento

Ninguém ama aquilo que não conhece. Em uma época em que o consumidor tem tanto acesso a informações, é pertinente que o vendedor estude e conheça bem o produto que está oferecendo, pois dá confiança e segurança para abordar e convencer o cliente. Cuidado com os funcionários temporários que, muitas vezes, começam a trabalhar sem antes conseguir estudar direito o que vendem. Vale a pena reunir a equipe e aplicar um teste com dez perguntas relacionadas à loja e aos produtos que serão vendidos para verificar o nível de conhecimento de todos os vendedores.

Muitas vezes, cobramos comprometimento de toda a equipe, mas não transmitimos para ela tudo o que sabemos da empresa. Por que guardamos esses conhecimentos como se fossem "tesouros" ou julgamos que uma informação é óbvia e que a equipe já sabe?

O conhecimento e o domínio dos assuntos ligados ao produto ou serviço a ser ofertado costuma gerar no profissional de vendas e atendimento confiança para abordar e convencer o comprador com bons argumentos.

Portanto, municie constantemente a equipe com informações e diferenciais dos produtos e serviços oferecidos pela empresa, pois, quando um vendedor não tem plena convicção desses dados, a negociação acaba caindo na questão preço. E o vendedor que fica reclamando do preço sinaliza que não tem conhecimento suficiente.

Técnica do visual

Estudos da programação neurolinguística (PNL) apontam que há três perfis comportamentais: "auditivos" são aqueles que tomam a decisão pelo que escutam, "cinestésicos" são os que precisam pegar, sentir, experimentar, e, por fim, os "visuais", que precisam ver de perto para decidir. Grande parte dos clientes é visual na hora de comprar, ou seja, esse perfil carece da visualização antes de qualquer movimentação no sentido de uma aquisição. Sabendo disso, não meça esforços em mostrar os produtos que oferta. Se atuar com prestação de serviços, vale a pena ilustrá-lo em um belo fôlder, criar um vídeo criativo, postar em uma página de internet em que o cliente possa antever a finalização do trabalho etc. Caso essas visualizações não ocorram, suas chances de venda já começam a ser reduzidas.

Muitas corporações, conhecendo essa técnica, aperfeiçoam as embalagens de seus produtos e desenvolvem formatos instigantes e designs inovadores, buscando não apenas agregar valor ao produto como também aumentar a percepção visual por parte do consumidor e, assim, potencializar as oportunidades de vendas.

Geralmente, a efetividade e qualidade do produto é o que garantirá as próximas vendas, mas a primeira aquisição pode ser conquistada apenas pelos olhos.

Lembre-se de que uma imagem pode valer mais do que mil palavras, então, para impulsionar as vendas, não apenas fale, mostre.

Técnica da pergunta fechada

Após a abordagem inicial, o vendedor precisará fazer a pergunta certa para aumentar a taxa de conversão, ou seja, a quantidade de vendas fechadas.

A pergunta fechada é aquela em que você faz o questionamento e já apresenta as opções possíveis, daí o nome "fechada". Quando o vendedor apresenta as alternativas disponíveis, ou seja, delimita a resposta do comprador, favorece o fechamento do negócio.

A sugestão, nesse caso, não é empurrar os produtos no cliente, mas, sim, ajudá-lo a escolher. Tenha em mente que, quando o cliente se vê com inúmeras opções, pode ficar confuso e deixar a compra para uma próxima oportunidade.

Imagine um consumidor que vai até uma loja para comprar uma camisa de presente para um amigo. Após mostrar as opções que o comprador mais gostou, o vendedor decide fazer a pergunta final desta maneira: "Percebi que esse foi o modelo de camisa que você mais gostou, que cor você deseja levar?".

Repare que a pergunta foi aberta, ou seja, possibilita inúmeras opções de resposta. Nesse caso, o cliente pode escolher uma cor que o vendedor não tenha disponível para entregar e acaba desandando a venda.

Dessa forma, a pergunta mais adequada poderia ser: "Percebi que esse foi o modelo que mais gostou, você prefere na cor branca, azul ou preta?".

Repare, o vendedor fez uma pergunta fechada, ofertando apenas as alternativas disponíveis na loja naquele momento. Com essa estratégia, o cliente provavelmente escolherá uma dessas três opções sem questionar outras cores.

Portanto, a técnica da pergunta fechada consiste em fazer a pergunta e já apresentar as opções disponíveis na empresa para o freguês escolher. Assim, qualquer que seja a escolha do cliente, será sinônimo de venda concluída com sucesso.

Técnica do preço

O que fazer quando o cliente perguntar o preço? Inicialmente, lembre-se de que, se ele perguntou o preço, é porque deve estar interessado!

A dica é: enfatize as características e benefícios do produto e, por fim, diga o valor. Depois disso, cale-se! É hora de observar a reação do cliente. Se ele permanecer em silêncio, pergunte: "E aí, o que achou?". Ou, ainda, se for um tipo de serviço, você pode questionar: "É essa linha de trabalho e valor que está buscando?".

O vendedor que fala o preço e já começa a listar justificativas mostra que considera seu produto ou serviço caro, e por isso, precisa se explicar.

Técnica da fração

Se o cliente achar caro, aprenda a fazer a divisão do valor. Faça o cálculo e enfatize com ele o valor das parcelas e, se achar interessante, mostre até o valor diário que ele pagará.

Outro dia, eu vi um anúncio de consórcios de motos fazendo uso dessa técnica, mostrando não apenas a mensalidade de 240 reais a ser paga, mas enfatizando também que o investimento seria de apenas 8 reais por dia.

Repare que o valor total é o mesmo, mas essa divisão colabora para minimizar a percepção do montante e chama atenção justamente para os valores fracionados, que ficam parecendo menores e mais palatáveis quando comparados ao preço final.

Técnica das soluções e ideias

A maioria dos vendedores se concentra em vender apenas a solução. O cliente chega com um problema, o vendedor apresenta o produto ou serviço para resolver o caso e, normalmente, para por aí.

O ideal para vender mais e melhor é seguir adiante nesse relacionamento, executar uma venda consultiva em que, além de vender a solução que o cliente precisa, é necessário saber fazer perguntas e ouvir atentamente as respostas. Dessa maneira, é possível apresentar ideias e sugerir melhorias, algo que o cliente nem sabe que precisa. Quando o vendedor sugere, o consumidor percebe que será de grande valia e, geralmente, faz a compra de itens adicionais.

Um bom exemplo da venda consultiva aconteceu comigo há algum tempo quando fui a uma loja comprar um laptop. Pedi ao vendedor um computador que fosse imune a vírus. Expliquei que constantemente perdia arquivos relevantes para minhas apresentações, e isso era para mim um grande problema. O vendedor ouviu minha necessidade e me apresentou a solução, um aparelho com um sistema operacional diferente, bem difícil de ser infectado. Gostei da opção apresentada, negociei e realizei a compra.

Depois da venda concretizada e após uma boa sondagem sobre minha atividade profissional, o vendedor perguntou como eu passava os slides durante a apresentação. Eu respondi que pedia para uma pessoa ficar na frente do computador passando cada tela ao meu comando. Ele, então, ofereceu também um controle remoto para eu mesmo conseguir trocar os slides com rapidez e eficiência. Na época, isso era uma grande novidade. Adorei a ideia de um instrumento que me prometia maior agilidade e dinamismo nas palestras e também comprei. Antes de eu sair da loja, o vendedor ainda me convenceu a levar a pilha e uma capinha de proteção para o controle remoto.

Vale ressaltar que, provavelmente, a rentabilidade do passador de slides costuma ser maior que a do laptop cujas margens de lucro costumam ser mais apertadas em função da grande concorrência.

Por fim, saí da loja com laptop, controle remoto, pilha, capa de proteção e feliz da vida. Repare que eu fui até lá para adquirir apenas um produto e saí com quatro e nem por isso fiquei com o sentimento de que o vendedor me empurrou itens a mais desnecessários, pelo contrário.

Com uma forma inovadora e inteligente de persuasão, esse vendedor acima da média soube apresentar soluções e ideias para possíveis problemas e conseguiu vender mais e melhor.

Contornar a reclamação do preço

Cliente falou: "Tá caro". E agora?

Em quase toda palestra de vendas que eu apresento, é comum surgir essa pergunta no fim da apresentação.

É corriqueiro encontrar vendedores que prestam um ótimo atendimento, mas que ficam desconcertados quando o cliente reclama do preço. E, quando isso acontece, muitos se apavoram e já procuram o gerente com o intuito de encontrar um argumento para o valor ou obter autorização para reduzir o preço.

Geralmente, são quatro os principais motivos que levam diversos compradores a dizerem "Tá caro". Quando o funcionário entende isso, tende a ficar mais calmo para conversar e aumentar a taxa de conversão.

- **MENTIRA:** Sim, às vezes as pessoas mentem. Vale lembrar que alguns clientes não falam toda a verdade quando estão negociando, e isso geralmente acontece com o intuito de pechinchar, obter vantagens, descobrir alguma carta na manga do vendedor ou ainda para ver a reação do profissional ao ser confrontado com um valor menor de um produto similar da concorrência. Nesse último caso, a dica é pedir para o cliente informar mais detalhes da situação ou oferta recebida, e, a partir dessas explicações, será mais fácil esclarecer as diferenças entre o seu produto e o do outro fornecedor. E atenção: não fale mal da concorrência, apenas enalteça a sua empresa.

- **INSEGURANÇA:** Ninguém gosta de ser enganado. É triste descobrir que alguém comprou exatamente a mesma coisa que você e pagou mais barato. Ficar com essa sensação de "marido traído" realmente é péssimo, por isso mesmo que, em algumas oportunidades, os clientes preferem ficar na retaguarda e fazer diversas perguntas com o intuito de se certificar de que aquela condição oferecida a ele é realmente a melhor opção disponível. Se o vendedor tiver alguma tabela, prova social ou testemunhal ilustrando que outros consumidores já se beneficiaram com aquela condição, vale a pena usar. Pode ser um trunfo para dirimir tais dúvidas e contribuir para o fechamento do negócio.

- **ESCOLHA INADEQUADA:** O produto não é para esse cliente. De nada adianta ser um mago das vendas e dominar todas as técnicas de persuasão se selecionar um *prospect* inadequado. Você concorda que é quase impossível vender uma Ferrari para um mendigo, certo? E, nesse caso, não há problema algum com o veículo nem com a pessoa que pede esmolas, o equívoco está no ato do vendedor eleger um *lead* ou comprador que não é o público-alvo do seu produto ou serviço.

- **PREÇO × VALOR:** O cliente já descobriu o preço, mas ainda não entendeu o valor do produto. O freguês não é obrigado a conhecer nem é comum que ele conheça tão profundamente o produto como o vendedor. Nesse caso, cabe ao profissional de vendas explicar detalhadamente as vantagens e evidenciar os benefícios que o consumidor desconheça, afinal, se o preço é mais alto, deve ter um bom motivo, não é mesmo? Então explique. Por exemplo, se o produto tem mais qualidade, evidencie-as, aponte as peculiaridades ou comente sobre a maior durabilidade. Se, no caso, o produto for um plano de saúde e o diferencial for a melhor assistência, comprove a maior cobertura de hospitais com uma lista ou ainda comente sobre o atendimento exclusivo em quarto particular em detrimento da enfermaria. Se estiver comercializando um seguro de carro mais caro, demonstre sua maior cobertura, abrangência, agilidade no atendimento ou nos serviços extras para a casa, pet ou computador.

É primordial, porém, ter a consciência de que um cliente não compra pela nossa razão, ele compra pelas razões dele. Quem é campeão de vendas já sabe que é preciso entender com maestria para atender com excelência. A venda será uma consequência desse processo.

Da próxima vez que o cliente disser "Tá caro", tente se lembrar desses motivos e formas de argumentação, assim será mais fácil manter a tranquilidade e aumentar o índice de fechamento de vendas.

Gatilhos mentais

É muito importante utilizar gatilhos mentais na abordagem do cliente, ou seja, investir em estímulos cerebrais que influenciam diretamente a tomada de decisão. Alguns exemplos de gatilhos que geralmente impactam os consumidores:

- **HISTÓRIAS:** Prendem a atenção, conectam emocionalmente as pessoas e deixam o produto na memória por mais tempo. Treine sua equipe para contar histórias transformadoras da empresa ou apresentar casos sobre o produto ou serviço que ofertam e como aquilo já impactou positivamente o cotidiano de outras pessoas;

- **O PODER DA PALAVRA "IMAGINE":** Quando se diz: "Imagine a seguinte situação", a pessoa instantaneamente já começa a recriar a cena na mente, e a chance de convencê-la a comprar aumenta consideravelmente. Crie o hábito de pedir para o cliente imaginar uma cena desfrutando do produto ou serviço a ser adquirido;

- **AUTORIDADE:** É muito utilizado para ganhar a confiança do comprador ao divulgar que é autoridade no setor ou segmento de atuação. São exemplos desse tipo de gatilho as seguintes afirmações: "produto líder de mercado", "empresa pioneira no Brasil" ou "serviço aprovado pelas maiores empresas do setor";

- **PROVA SOCIAL:** É quando se evidencia que muitas pessoas já aprovaram aquele produto ou serviço: "Mais de 5 mil pessoas já fizeram nosso curso on-line, e você, vai ficar fora dessa?". Ou ainda quando um cliente emite um testemunhal a favor, enaltecendo as qualidades do produto por meio de um depoimento convincente;

- **SENSO DE URGÊNCIA:** Tem que ser agora ou perderá. As pessoas compram por dois motivos racionais: vontade de possuir ou medo de perder a oportunidade. Já reparou como esse gatilho é utilizado em determinados anúncios? "Esse preço é só amanhã!" ou, ainda, "Negociação especial só para quem comprar essa semana";

- **LEI DA ESCASSEZ:** Por que o ouro vale mais que a prata? Porque é mais escasso e, automaticamente, tende a valer mais. Por que as pessoas compram? Me lembro da vez em que fiquei interessado em um sapato azul todo estiloso e, quando o vendedor me disse que era a última peça com o número 41 disponível na loja, resolvi comprar na hora para não correr o risco de ficar sem o calçado de que tanto havia gostado.

Vale ressaltar que os gatilhos Senso de urgência e lei da escassez são excelentes, mas não podem ser exagerados. Se o cliente perceber o exagero, pode se sentir manipulado ou acuado, e você corre o risco de perder a venda. Portanto, se você falar que aquele item é a última peça e o cliente descobrir que não é verdade, você corre o risco de perder o cliente para sempre pela quebra de confiança, afinal, depois de uma mentira, até mesmo a verdade pode gerar dúvidas.

Cordialidade

Empatia é saber se colocar no lugar do outro. E, quando isso se aplica ao atendimento, você poderá transformar pequenos detalhes que poderiam passar despercebidos em momentos especiais.

Por exemplo, percebi que, na entrada do estacionamento dos parques Disney em Orlando, os integrantes da equipe de recepção têm atitudes simples, a custo zero, mas que encantam inúmeras famílias logo na chegada:

- Dão boas-vindas marcantes com um grande sorriso no rosto logo na chegada;
- Observam a placa ou adesivo no para-choque do carro e, em seguida, falam algo positivo daquela cidade ou estado;
- Movimentam as mãos e falam com as crianças no banco de trás.

Uma vez, em um hotel localizado em Passa Quatro (MG), logo na entrada do estacionamento, o porteiro perguntou se eu tinha reserva e qual era o meu nome. Ao chegar na porta do hotel, o carregador de malas se aproximou e disse: "Olá. Seja muito bem-vindo, senhor Erik Penna". Com certeza, a portaria repassou o meu nome para o atendente que veio ao meu encontro e me surpreendeu positivamente. Algo simples, empático, marcante e sem nenhum custo ao orçamento.

Além de um atendimento espetacular, os principais benefícios da capacitação constante da equipe são: aumento da produtividade, elevação nos níveis de qualidade dos produtos e da prestação de serviços, maior retenção de talentos, ampliação do trabalho em equipe, maior engajamento do funcionário com a empresa e melhoria no clima do ambiente de trabalho.

Mesmo com tantas vantagens, há quem alegue não capacitar a equipe pelo risco de o funcionário ser treinado e depois ir embora. Mas pense bem, e se você não o qualifica e ele permanece na empresa, atuando de maneira inadequada e desagradando a equipe e os consumidores?

Várias empresas alegam que não treinam por causa do custo, tais líderes dizem que o investimento em qualificação é muito alto. Será mesmo? Saiba que todo empreendedor pode buscar excelente qualificação para si e todo seu pessoal em várias instituições com baixo custo. O Sebrae é um exemplo de uma instituição que oferta qualificação de ótimo nível, e muitas vezes, a custo zero. Quem procura acha!

Também há a alternativa de treinar internamente, com um próprio colaborador da empresa se tornando o agente qualificador. Isso pode ser vantajoso porque você capacita do seu jeito e sai mais barato do que contratar um serviço externo.

10 formas para treinar sua equipe a custo zero

Quer dar um show no atendimento? Então, treine continuamente.

Mas será que dá mesmo para qualificar todo o time investindo muito pouco? A resposta é sim.

Atualmente, há várias empresas que organizam convenções, encontros e treinamentos presenciais em que um palestrante vai até a empresa e ministra uma palestra – eu mesmo faço palestras de vendas ou de motivação customizadas – que alia experiência e qualificação técnica e comportamental. Dessa forma, o profissional convidado passará algumas horas capacitando o time da empresa contratante.

Mas há, ainda, outras maneiras para qualificar a equipe e o time de vendas e atendimento. Apresento a seguir dez formas criativas para treinar sua equipe investindo quase nada de recursos financeiros:

1. **VÍDEOS:** Há vários vídeos bem interessantes disponíveis na internet, inclusive, muitos deles, a custo zero no YouTube. Basta pesquisar pelo assunto que quer abordar e compartilhar com seu pessoal.

    Apresento aqui algumas sugestões de assuntos e vídeos para assistir com a equipe:

A ARTE DE ENCANTAR CLIENTES

Frases motivacionais para inspirar a equipe:
https://www.youtube.com/watch?v=KkIK9fVqI6U

Encantamento no atendimento:
https://www.youtube.com/watch?v=ZQ4ROltoPes&t

Venda soluções e ideias:
https://www.youtube.com/watch?v=-JuGnoRRPrU

Enfatize o positivo:
https://www.youtube.com/watch?v=72EBSvpog4A

Uma mensagem de fé e coragem para os momentos difíceis:
https://www.youtube.com/watch?v=cZ3WIBWyUkE&t

Três formas para motivar sua equipe:
https://www.youtube.com/watch?v=nOSjK2ITUh4&t

TREINAR A EQUIPE INVESTINDO QUASE NADA

Dicas para um home office produtivo e motivador:
https://www.youtube.com/watch?v=8pIo3OTnEHM&t

Como liderar à distância
https://www.youtube.com/watch?v=_ZCzdBlmCp0

Sete passos para manter o otimismo:
https://www.youtube.com/watch?v=RupfXVYG4ao&

2. **LIVROS:** Imagine sua equipe absorvendo o conteúdo de 52 livros em um único ano. Na sua próxima reunião semanal, sorteie um integrante e entregue a ele um exemplar de alguma obra que fale sobre atendimento, desenvolvimento pessoal ou profissional, por exemplo. Peça a ele para ler e, na próxima semana, compartilhar um resumo com o grupo. Concluídas as 52 semanas do ano, toda a equipe terá debatido 52 livros.

3. **JOGOS:** Já ouviu falar de um jogo chamado Imagem e Ação? Nele, um participante retira uma carta contendo uma palavra e, por meio de mímicas, precisa fazer o restante das pessoas descobrir qual é. Esse é um jogo muito divertido e também um excelente exercício de expressão corporal e comunicação não verbal. Outra opção é criar um desafio, uma gincana do conhecimento que consistirá em bolar uma prova, um teste com perguntas relacionadas à empresa, ao mercado e à concorrência, e destacar aquele funcionário que acertar mais respostas.

4. **REVISTAS:** Você leu uma matéria bacana em uma revista ou site? Traga esse texto para a reunião geral e divida o grupo em dois times: pessoas que devem argumentar contra e pessoas que devem argumentar a favor da ideia. Depois de alguns minutos de debate, inverta o posicionamento do grupo, ou seja, quem advogava contra agora tem que encontrar motivos a favor da ideia e vice-versa. Essa é uma excelente ferramenta para ampliar a flexibilidade e o poder de persuasão.

5. **TEATRO:** Crie e alinhe o script de venda. Ou seja, por meio de simulações e apresentações, como em uma peça teatral, você ensaia a oratória e o passo a passo na abordagem ao cliente ou *prospect*. Por exemplo, se a pessoa falar "A", vocês respondem "B". Mas, se o cliente disser "C", vocês devem explicar "D".

6. **DIA DO *PITCH*:** A técnica do elevador ou *pitch* consiste em capacitar o atendente para que, em um discurso presencial ou ao telefone, saiba, de maneira curta e objetiva, resumir toda a apresentação da empresa e do principal produto ou serviço a ser vendido. Cronometre, tudo deve ser falado em apenas dois ou três minutos.

7. **REDES SOCIAIS:** Crie um grupo do pessoal em um aplicativo de mensagens e, diariamente, dissemine pílulas de conhecimento para sua equipe. Colete imagens e posts em várias páginas da internet e compartilhe as mais interessantes. Fortaleça a positividade e as características da empresa com doses diárias de otimismo.

8. **CINE PIPOCA:** Escolha um bom filme ou série e assista com a equipe. Depois, selecione algumas cenas principais para colocar em debate. Isso pode ser enriquecedor, emocionante e inesquecível. Os filmes *O lobo de Wall Street*, *Perfume de mulher* e a série *The Push* são algumas ótimas opções para se ver com o pessoal de vendas e atendimento ao cliente. Faça isso e perceberá que foi um dia de capacitação inesquecível para muitos colaboradores.

9. **MOMENTO EXPERT:** Esta sempre foi uma das minhas estratégias preferidas para motivar os integrantes da minha equipe. Consiste em pedir a um vendedor que é exímio, expert em uma determinada prática – por exemplo, no fechamento da venda ou na abertura de novos clientes –, para fazer uma apresentação para

os colegas de trabalho contando os principais passos e revelando os segredos que lhe trazem tanto sucesso naquela área. Esse costuma ser um grande momento de reconhecimento para um bom profissional e de grande valor aos colegas menos experientes.

10. **Encontros externos:** Estimule e incentive sua equipe a participar de congressos e seminários com especialistas e profissionais de fora da sua empresa. Normalmente, esses eventos acrescentam novas técnicas e conhecimentos que podem ser agregados ao seu negócio. Outra opção é agendar encontros externos, realizar visitas da equipe a diferentes empresas para conversar com outros vendedores e, assim, criar um intercâmbio de ideias e experiências.

Pronto, agora você já tem dez maneiras diferentes – e a custo zero! – para treinar seu pessoal, tornando bem interessante, construtiva e interativa a sua próxima reunião. Com essas estratégias, você converterá esse tempo de qualificação em um momento criativo, divertido e produtivo para os funcionários.

A ARTE DE ENCANTAR CLIENTES

REFLEXÕES

Reflexões propostas	Respostas
Qual foi a última vez que você treinou toda sua equipe? Em qual mês e ano?	
Você costuma participar dos treinamentos ou só envia sua equipe para assistir?	
Toda sua equipe de atendimento sabe como receber/ acolher o cliente desde a chegada? Sabe o que falar, o que fazer?	
Sua equipe conhece a técnica do conhecimento? Se você fizer um teste de dez questões sobre a empresa e o produto, qual nota você acredita que eles vão tirar? Aplique o teste. O resultado foi o que você esperava?	

TREINAR A EQUIPE INVESTINDO QUASE NADA

Reflexões propostas	Respostas
Técnicas do quebra gelo, pergunta fechada, lei da escassez e gatilhos mentais são ferramentas que todo time de vendas utiliza. Você sabe usar corretamente?	
Das dez formas para treinar apresentadas neste capítulo, quais delas você ainda não usa para qualificar sua equipe?	
Ideias	

Avaliar o desempenho da equipe de atendimento

capítulo 06

Delegar é preciso

O grande empresário James Cash Penney, fundador da rede de lojas de departamento JC Penney, certa vez disse: "A maior causa do fracasso dos gestores é a incapacidade de delegar".[53] Sobre o mesmo tema, há também um ditado popular que diz: "quem trabalha muito não tem tempo para ganhar dinheiro".

É claro que o empresário e gestor precisa trabalhar – e muito! –, mas o enfoque desse dito popular e o meu objetivo a partir de agora é que você perceba a importância do processo de delegar, ou seja, de permitir que outra pessoa execute algumas de suas tarefas. Ao distribuir tarefas, o empreendedor terá vários benefícios, entre eles:

- Minimizar as ações operacionais;
- Reduzir o esgotamento e o estresse causado pelo acúmulo de funções;
- Ganhar mais tempo para pensar estrategicamente o negócio e inovar;
- Compartilhar responsabilidades;
- Descobrir talentos na equipe;
- Descansar, viajar e renovar suas energias.

---

53 CARNEGIE, D. **A vida é curta, que seja ótima!** Rio de Janeiro: Best Seller, 2020.

Boa parte dos empreendedores alegam que não delegam por não terem encontrado a pessoa certa para assumir a função.

Mas, se você leu as explicações sobre o método S.T.A.R.S. no capítulo 2, sabe que, antes de delegar, é fundamental selecionar corretamente e treinar assertivamente cada colaborador. É só a partir daí que poderá delegar, sem nunca deixar de dar apoio em atitudes estratégicas.

Delegar significa confiar, dar ao outro uma responsabilidade e geralmente, é percebido como uma prova de reconhecimento da capacidade do colaborador. Mas alerto: delegar não é sinônimo de "delargar", é indispensável que quem delegou esteja sempre a postos para ajudar e tirar dúvidas quando necessário.

Suportar consiste em dar apoio, acompanhar dando a devida ajuda caso o funcionário não saiba o que ou como fazer.

Ensine, delegue e fique a postos

Durante muitos anos, eu morei em Taubaté, cidade do interior de São Paulo, em um apartamento que ficava na mesma rua da escola das minhas filhas. Com frequência, eu caminhava com elas até a porta do colégio. A distância não era longa, e o percurso a pé costumava durar em torno de sete minutos.

Depois de meses e meses caminhando ao lado delas de casa até a escola, a Mariana, na época ainda criança, me pediu para fazer o trajeto tão rotineiro sozinha. Confesso que, a princípio, eu e minha esposa ficamos preocupados com o trânsito, mas principalmente com a segurança dela.

De tanto insistir, nós concordamos com a ideia, mas, antes, refizemos o caminho juntos por mais algumas vezes para repassar todos os pontos e cuidados que ela deveria tomar durante o trajeto. Mariana ficou extremamente feliz com essa autorização.

Durante um bom tempo, funcionou assim: ela descia pelo elevador, passava pela guarita, saía do prédio e caminhava sozinha até a escola.

Sim, nós ficamos tranquilos com a situação. Ensinamos o caminho e estávamos delegando a ela a jornada solo até a escola. Um ponto bem importante vem agora: nós combinamos que, enquanto ela estivesse caminhando rumo à escola, nós ficaríamos na sacada do apartamento observando. Caso ela se sentisse insegura ou houvesse algum problema, bastaria ela levantar os braços que rapidamente iríamos ao encontro dela. E assim foi feito. Todos os dias, permanecíamos na sacada até ela adentrar os portões da escola.

Podemos fazer uma analogia dessa história familiar com o mundo corporativo, os passos que um líder deve sempre buscar trilhar: treinar, ensinar, confiar e delegar. Veja que a responsabilidade por aquela tarefa permanece, portanto, deve-se estar sempre alerta e permanecer a postos para ajudar e, se houver qualquer sinal de problemas, vá ao socorro. Caminhe junto com quem precisa.

Subjetividade × Metas claras

Para avaliar com maestria, é fundamental estabelecer as regras do jogo, ou seja, todos os envolvidos precisam saber o que é esperado deles, onde eles estão no momento e qual é o seu objetivo. Essas definições evitam a subjetividade e não dependem de sua opinião a respeito de determinado funcionário, atitude ou resultado ser boa ou ruim no momento da avaliação.

Uma das maiores reclamações que ouço dos times de atendimento é que eles não sabem exatamente o que o líder espera deles e, muitas vezes, não sabem a meta qualitativa ou quantitativa que seria suficiente para agradar o patrão.

Não importa se você tem um, dez ou cem funcionários na sua empresa. Será que eles saberiam responder corretamente o que a empresa espera deles? Com dados e números?

Um líder precisa delegar, acompanhando de perto, e avaliar, mensurando os resultados, mas deve deixar claro quais são os itens dessa avaliação e o que é esperado de cada colaborador.

Estabeleça metas de maneira inteligente para que se concretizem

Você deve conhecer alguém que não consegue atingir alguns objetivos na vida. Eu mesmo conheço várias pessoas assim e descobri que a

Treine, delegue, mas permaneça na sacada.

maioria não conquista as metas porque não as possuem de modo claro na mente. Uma pesquisa da Universidade de Scranton, na Pensilvânia (EUA), revelou que apenas 8% das pessoas conseguem cumprir as metas desejadas.[54]

Como líder, você pode fazer o planejamento dessas metas juntamente com a equipe, fazer uso do sistema SMART (palavra que, em inglês, significa esperto, inteligente) e observar que as chances de êxito aumentam ainda mais. Esse método define que, na elaboração das metas, devem ser observadas cinco características (cujas iniciais em inglês dão nome ao sistema). Veja a seguir:

- **SPECIFIC:** Específica. O primeiro passo é especificar, ou seja, descrever com detalhes o que é almejado. Não adianta dizer que a meta é comprar um carro novo, isso é muito vago, afinal um carro novo pode ser um Fusca ou uma Ferrari. Portanto, descreva a marca, o modelo, o ano, a potência do motor, os opcionais, quantas portas deve ter e até a cor que lhe agrada mais. Isso evita ambiguidades e é fundamental para você saber exatamente o que está buscando e focar.
- **MEASURABLE:** Mensurável. Em alguns casos, o sonho não acontece porque pedimos errado. Um exemplo disso ocorreu quando eu questionei um amigo sobre suas metas para o ano e ele me respondeu que a meta era ter mais dinheiro. Na mesma hora, eu tirei um real do bolso, entreguei a ele e disse que, então, já tinha atingido a meta, pois já possuía mais dinheiro. Ele riu, percebeu o erro e entendeu a necessidade de mensurar, medir e quantificar o que desejava do jeito correto. Exemplo de objetivo mensurável: "Eu quero 50 mil reais a mais do que eu tinha no fim do ano passado, depositados na minha conta corrente, até o dia 30 de dezembro deste ano".
- **ATTAINABLE:** Atingível. A meta precisa ser desafiadora, mas possível de ser atingida, pois, se ela for muito fácil, desestimula

---

54 ANO Novo: 5 dicas para conseguir cumprir suas resoluções para 2020. **BBC News Brasil**, 31 dez. 2019. Disponível em: https://www.bbc.com/portuguese/geral-50957400. Acesso em: 3 jul. 2021.

a atitude e, se for impossível, também não causa a mobilização adequada. Encontrar esse equilíbrio é um desafio para empresas, gestores e pessoas que buscam se aperfeiçoar.

- **RELEVANT:** Relevante. Lembre-se de que, ao estabelecer uma meta, é importante que ela tenha relevância e que, ao ser alcançada, gere prazer e satisfação. O esforço precisa realmente valer a pena para quem conquista o objetivo.

- **TIME-BASED:** Temporal. É preciso também estabelecer uma data limite para o alcance da meta. Normalmente, quando se diz: "Um dia pago essa conta"; "Um dia ainda vou te visitar" ou "Um dia desses iremos nos casar", o dia costuma nunca chegar, pois não foi colocado um prazo para sua realização e, assim, não acontece mesmo.

Para facilitar ainda mais o seu caminho, recomendo que divida o valor a ser atingido em partes. Por exemplo: quero vender 120 mil reais a mais neste ano. São 10 mil reais a mais por mês, 333 reais a mais por dia e, para o vendedor que costuma trabalhar dez horas por dia, serão apenas 33 reais a mais por hora. Algo que parecia extremamente difícil, os impossíveis 120 mil reais, tornou-se aparentemente bem mais fácil e próximo da realização.

Uma frase do filósofo Sêneca[55] diz: "Nenhum vento sopra a favor de quem não sabe para onde ir". Ter uma meta clara e um bom plano é essencial para atingir um objetivo, afinal uma meta sem um plano é apenas mera intenção. Incentive seu pessoal a colocar as metas por escrito em um local em que todos possam acompanhar, isso aumenta o comprometimento e eleva consideravelmente a chance de serem efetivadas.

Quando a meta para sua equipe de vendas e atendimento está previamente estabelecida e evidente, é mais fácil evitar a subjetividade de um gestor, e também viabiliza o emprego da meritocracia, ou seja, dar o devido crédito ou mérito ao realizador da tarefa ou conquistador da meta traçada.

---

[55] SÊNECA. **Pensador**, 2005-2021. Disponível em: https://www.pensador.com/frase/MTgy MTA/. Acesso em: 3 jul. 2021.

Atendimento-fim × Atendimento-meio

Atendimento-fim é a prestação de serviço executada durante o desenvolvimento da atividade principal da empresa.

Atendimento-meio é aquele serviço que atua de maneira secundária, mas que dá suporte ou complementa o relacionamento com o cliente.

Um pet shop, por exemplo, tem como principal atividade ou objetivo comercializar produtos como rações, coleiras, roupinhas, caminhas, casinhas, brinquedos, shampoos, remédios, vacinas, e ainda pode realizar os serviços de banho, tosa, hospedagem, consultório veterinário, leva e traz de animais. O atendimento-fim deve ser analisado durante o contato com o cliente nessa fase.

Já o atendimento-meio é aquele que não está intrínseco nas atividades principais do pet shop, mas ainda assim compõe o atendimento e a percepção do negócio por parte do freguês, por exemplo, como foi o tratamento dado pelo segurança do estacionamento, como foi o atendimento ao telefone, como a moça do caixa acolheu, como procedeu o rapaz que foi entregar o produto na sua casa etc. É um atendimento indireto e que impacta diretamente a avaliação do seu negócio.

E por que esse conceito de atendimento-meio e atendimento-fim é tão importante e não pode ser esquecido ou minimizado?

Imagine que você, como cliente de um pet shop, foi até a loja, deixou o seu cachorrinho para tomar banho e solicitou que, assim que concluíssem o banho, levassem o animal e um pacote de 2 quilos de ração até a sua casa. Na hora de pagar, sentiu que a funcionária do caixa estava mal-humorada e foi ríspida e grosseira com você. Já em casa, ao abrir a porta para o motorista do *taxi dog*, percebeu que ele, ao retirar o animal do carro, foi rude e o deixou cair no chão.

Como você avaliaria o pet shop? Alguns avaliariam como péssimo.

Mas por que avaliar tão negativamente a empresa se a qualidade da ração, o atendimento excelente no corredor da loja e o banho cheiroso e perfeito no animal existiram? Porque uma avaliação não é composta apenas pelo atendimento-fim. Nesses casos, o atendimento-meio costuma prevalecer na reação e avaliação do cliente, ou seja, a forma descortês da atendente de caixa e o descuido do entregador com o animal seria enfatizado e, provavelmente, acentuaria negativamente a avaliação do serviço como um todo.

Ou seja, não adianta atender com excelência em uma parte do processo e decepcionar em outra, afinal o atendimento pode ser separado entre meio e fim, mas a empresa é uma só.

Por isso, é fundamental analisar atentamente o feedback dos clientes, localizar o problema e, a partir daí, reforçar a cobrança, retificar a etapa mal realizada naquele atendimento, redobrar a atenção e o acompanhamento desses processos com os colaboradores.

Outro exemplo: imagine um profissional da saúde, um dentista focado em atender crianças. Você leva seu filho para uma consulta, o profissional faz a limpeza dos dentes bem-feita, tira a cárie do dente do garoto com maestria, faz a aplicação de flúor e deixa os dentes da criança lindos e brilhantes. Muitos profissionais achariam que só isso, um atendimento-fim perfeito, bastaria para ser bem avaliado e indicado pelo cliente. Será?

Como um odontologista prestando esse nível de atendimento-fim poderia ser mal avaliado? Com um atendimento-meio ruim. Por exemplo, se a recepcionista fosse grossa ao telefone com a mãe do paciente, se o dentista fosse rude com a criança etc.

Note que, para um profissional ou empresa encantar, devem estar atentos tanto ao atendimento-fim quanto ao atendimento-meio que prestam ou oferecem ao seu cliente. Do início ao fim da experiência, em todas as etapas da jornada de consumo e englobando o relacionamento direto ou indireto com o consumidor, o atendimento deve ser de excelência.

Cinco maneiras para avaliar sua equipe de atendimento

Com as metas bem definidas e o entendimento perfeito sobre a importância dos atendimento-fim e atendimento-meio, é possível seguir para o próximo passo, que é estabelecer os sinalizadores de resultados. Repare, quando alguém sabe que será avaliado, tende a se esforçar e render mais.

AVALIAR O DESEMPENHO DA EQUIPE DE ATENDIMENTO

A partir daqui, falarei sobre como criar indicadores de performance para cada profissional de vendas e atendimento ao cliente e, dessa forma, saber com precisão quem está obtendo a produtividade desejada e quem não está. São elas:

Avaliação quantitativa

Total de vendas

É o número absoluto de vendas, a somatória de pedidos realizados pelo funcionário em determinado período e que geraram faturamento naquele período. O gestor deve avaliar qual será esse período a ser avaliado para realizar um *follow-up* comparativo e contínuo.

Esse costuma ser o índice mais usual, fácil de medir e de acompanhar periodicamente, mas, para melhor avaliar a performance, vale considerar os números no mês anterior ou do mesmo período no ano anterior e relevar o ritmo de crescimento ou queda da economia do país ou do seu segmento de mercado.

É um índice importante, mas é perigoso analisar um vendedor ou atendente apenas por esse total; um único mês com poucas vendas pode comprometer sua avaliação.

Os pontos a seguir também devem fazer parte da sua análise e mensuração da atividade dos atendentes e vendedores.

Atendimento × Taxa de conversão

Se João vende dez e Pedro vende oito, então João é melhor vendedor que Pedro, certo? A resposta é: nem sempre. A quantidade de atendimentos, bem como o número de abordagens ao cliente que acabam se convertendo em vendas também devem ser levadas em consideração.

Taxa de conversão é o número de atendimentos dividido pelo número de negócios fechados. Por exemplo, se o vendedor João fez dez vendas e, para isso, atendeu vinte clientes, sua taxa de conversão é de 50%.

Se o Pedro fez oito vendas após oito atendimentos, ou seja, vendeu para todos os clientes que atendeu, sua taxa de conversão é de 100%. Quem foi melhor: quem vendeu dez ou quem vendeu oito? O que vendeu oito, pois conseguiu vender para todos os clientes.

A ARTE DE ENCANTAR CLIENTES

Essa é a conta e a avaliação que precisamos fazer. Veja a importância de avaliar a taxa de conversão ao imaginar a seguinte situação descrita. Tente descobrir qual é o melhor vendedor e como você poderia aumentar as vendas com uma única mudança após essa avaliação.

O dono de uma loja de shopping tinha dois vendedores: o Marcelo, que trabalhava no período da manhã, e o Tadeu, que atuava no período da tarde.

Com o passar do tempo, ao fazer a avaliação periódica, o dono percebeu que o vendedor do turno da manhã fazia, em média, doze vendas por dia e, para isso, atendia dezoito clientes no período, conseguindo uma taxa de fechamento ou conversão em vendas de 75%.

Já o vendedor do turno da tarde fazia quinze vendas, mas, para isso, atendia trinta clientes por dia, atingindo uma taxa de conversão de 50%.

No total, a empresa fez 27 vendas por dia.

Se for analisado somente o número de vendas, conclui-se que o vendedor Marcelo é pior que o vendedor Tadeu, afinal o primeiro fez apenas doze vendas, e o segundo realizou quinze.

Mas, ao analisar a taxa de conversão, a sua percepção muda, afinal o Tadeu obteve apenas 50% de conversão enquanto o Marcelo alcançou 75% de fechamentos de vendas.

Baseado nessa avaliação, o que o dono da loja pode mudar para aumentar o faturamento? Ele pode inverter os horários de trabalho! Preste atenção no que acontece se o número de visitas e a taxa de conversão de cada vendedor se mantiver:

Marcelo no turno da manhã	Tadeu no turno da tarde
18 visitas	30 visitas
75% de conversão	50% de conversão
12 vendas	15 vendas
Total de vendas no dia: 27	

De manhã, com dezoito visitas ao dia, Tadeu agora irá fechar apenas nove vendas para a empresa. No período da tarde, quando a loja recebe trinta visitas, com a taxa de conversão de Marcelo de 75%, 22 vendas serão fechadas. O total, no fim do dia com a troca de turno, será de 31 vendas, ou seja, a mesma loja, recebendo os mesmos clientes, aumentou em torno de 15% o faturamento somente com a correta avaliação e a inversão de turno dos dois vendedores.

Tadeu no turno da manhã	Marcelo no turno da tarde
18 visitas	30 visitas
50% de conversão	75% de conversão
9 vendas	22 vendas
Total de vendas no dia: 31 = 15% mais	

Avaliação qualitativa

Formulários

Além dos números de vendas, o atendimento como um todo deve ser avaliado. Uma das maneiras de você fazer isso é incentivando o cliente a preencher um opinário, em papel ou on-line, sobre o atendimento e a experiência como um todo durante a jornada em seu estabelecimento.

Uma pesquisa de satisfação ou avaliação do atendimento deve sempre ir direto ao ponto. Pode ser uma pesquisa simples com emojis, como no exemplo a seguir:

Referência: PESQUISA com emojis para medir satisfação. **QuestionPro**, 2021. Disponível em: https://www.questionpro.com/blog/pt-br/pesquisa-com-emojis/. Acesso em: 3 jul. 2021.

Mas atenção, cuidado para não pecar pelo excesso. Sim, avaliar escutando o cliente é uma maneira válida, e vimos a importância desse critério nos exemplos anteriores, mas há de se entender que tudo tem limite. Não adianta exigir uma avaliação demasiadamente longa e complexa do cliente, porque corre-se o risco de esse processo ocupar muito tempo, o que fará com que o consumidor se sinta prejudicado.

Tenha em mente que não são todos os clientes que gostam de preencher esses formulários, principalmente quando o questionário é longo. Uma ideia é criar formulários curtos, com duas, três ou até cinco perguntas, no máximo. Além disso, você pode propor algum brinde ou sorteio para aumentar o número de pessoas que preenchem o formulário.

Foi essa a estratégia utilizada por um mercadinho de bairro no interior de São Paulo, que resolveu sortear uma bicicleta entre todos os clientes que entregassem a avaliação do atendimento na loja durante aquele referido mês. Uma ótima ideia para quem deseja escutar o cliente, saber como anda seu atendimento e, de quebra, ainda ganhar uma espécie de consultoria grátis e ótimas sugestões dos consumidores.

Totem eletrônico

Um aparelho eletrônico disponível dentro da loja, por exemplo, dá ao cliente a possibilidade de avaliar o atendimento geral. Ele irá pontuar não apenas o atendimento, mas fará uma avaliação geral da empresa.

Esse tipo de avaliação é similar ao do formulário, só que as respostas podem ser digitadas pelo cliente ainda durante a estada na empresa. As perguntas, geralmente, seguem o mesmo padrão do formulário e apresentam quatro ou cinco "carinhas" para identificar o agrado ou descontentamento do consumidor durante a sua jornada.

Com essa prática, as Lojas Renner coletam, por ano, uma média de 23 milhões de opiniões dos visitantes.[56]

Outro dia mesmo, consegui ver como essa metodologia de avaliação dá resultado na prática. Uma farmácia de bairro que deixava a desejar no atendimento e sempre reclamava das poucas vendas foi adquirida por uma grande rede, que montou uma loja mais moderna, mantendo os preços similares aos da gestão anterior. Mas foi sentida uma diferença:

---

[56] GALLÓ, J. **O poder do encantamento**: as lições do executivo que, partindo de oito lojas, transformou a Renner em uma empresa de bilhões de dólares. São Paulo: Planeta Estratégia, 2017.

aqueles mesmos atendentes começaram a se destacar pelo atendimento, pela forma cordial e acolhedora com que recebiam os clientes. Então, descobri o motivo. Ao fim do atendimento, a vendedora pede, com um sorriso genuíno no rosto, que o cliente avalie o atendimento clicando em um aparelho com cinco opções de notas. Entende como o funcionário vai se esforçar para ter uma boa avaliação por parte do cliente?

Empresas como a Droga Raia e a Ri Happy são algumas das organizações que utilizam essa forma de avaliação eletrônica. Certa vez, escutei em uma palestra do então CEO da Renner, José Galló, a seguinte descrição da relação intrínseca entre qualidade de atendimento e faturamento: quando, em um determinado mês, percebe-se melhora na avaliação do atendimento, há também uma elevação nos resultados daquela loja. Já quando o índice piora, percebe-se consequentemente uma queda no faturamento no período.

Essa metodologia confirma que, quase todas as vezes em que a loja é bem avaliada, o resultado das vendas também tende a ser positivo. Se o estabelecimento estiver sendo mal avaliado, a tendência é que as vendas também sofram redução. Esses resultados são um bom termômetro para avaliar práticas e tentar melhorias.

As pesquisas que mais favorecem o cliente a participar e interagir são aquelas mais interessantes, rápidas e inteligentes na visão do consumidor. Uma avaliação contínua e assertiva no atendimento tende a maximizar os resultados da empresa como um todo.

Internet e aplicativo de mensagens

A avaliação eletrônica que citei anteriormente pode ser ainda mais simples, fácil e barata. Já imaginou se os clientes avaliassem o desempenho da sua equipe e enviassem a nota e percepção deles para o número de WhatsApp da empresa?

Foi o que eu vi em um restaurante na Rodovia Ayrton Senna, em São Paulo. Logo na entrada, havia um banner com os dizeres: "Caro cliente, estamos investindo para melhor atendê-lo. Por favor, dê a sua opinião sobre o atendimento". E apresentava, em seguida, um QR Code e o número de WhatsApp para o cliente pontuar quem lhe prestou atendimento.

Esse sistema de avaliação pode ser implementado quase que imediatamente em sua organização, pois não precisa de uma estrutura elaborada para execução. Eu expus esse formato em uma palestra para mais de mil pessoas no município de Teixeira de Freitas, na Bahia, e, ao fim, o então secretário de desenvolvimento econômico, Flávio Guimarães, disse que implementaria essa avaliação imediatamente na sala do empreendedor, uma repartição pública municipal.

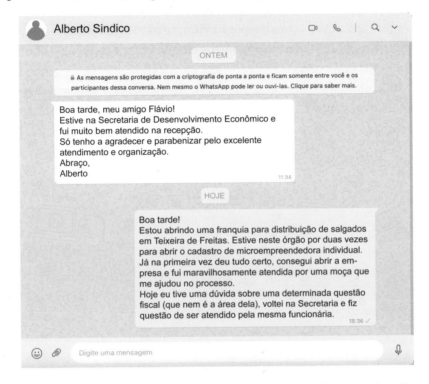

Repare que esse método de avaliação da equipe pelos próprios clientes demana bem pouco tempo e quase nada de recursos financeiros.

Um ponto interessante ao implementar a avaliação pelo WhatsApp é que, ao receber a nota ou comentário do cliente, você receberá junto o número de telefone desse consumidor. Com o passar do tempo, terá não somente uma gama imensa de avaliações como também de *leads*, que poderão retornar ao seu funil de marketing digital. Com as devidas autorizações, a empresa poderá enviar informações, novidades e promoções para uma lista cada vez maior de clientes satisfeitos e interessados.

Outro benefício significativo que surge ao adotar o sistema de avaliação por meio dos feedbacks de clientes é que provavelmente

A ARTE DE ENCANTAR CLIENTES

você conseguirá saber quem na equipe está prestando um ótimo serviço e quem está deixando a desejar.

Para os atendentes com recorrentes avaliações negativas, cabe uma conversa reservada, um treinamento específico, um acompanhamento mais próximo e, se as atitudes não mudarem, até a demissão. Essas atitudes devem ser tomadas para evitar situações desagradáveis que causem descontentamento em outros clientes, o que influencia nos resultados da empresa.

Os profissionais bem avaliados devem ser elogiados e reconhecidos. Esse é o quarto passo no método S.T.A.R.S. e será detalhado no próximo capítulo.

Ao ser avaliada, a equipe tende a render mais.

REFLEXÕES

Reflexões propostas	Respostas
Você tem delegado cada vez mais tarefas e investe seu tempo na gestão estratégica e implementação de inovações?	
O que o impede de delegar mais?	
Ao delegar, oferece o devido suporte à equipe?	
Todos os funcionários sabem claramente quais são as metas mensais a serem cumpridas por eles e quais as serem atingidas pela empresa?	

AVALIAR O DESEMPENHO DA EQUIPE DE ATENDIMENTO

Reflexões propostas	Respostas
Quais atividades da sua empresa você classifica como atendimento-fim e quais você classifica como atendimento-meio?	
Qual das cinco maneiras de avaliação propostas você já aplica? Quais delas você pretende implementar imediatamente?	
Como você poderia utilizar as informações e os dados dos clientes oriundos da pesquisa/avaliação?	
Ideias	

Reconhecer para engajar todo o pessoal

capítulo 07

Como reconhecer e engajar a equipe investindo pouco dinheiro

Uma afirmação atribuída ao empresário norte-americano de muito sucesso Lee Iacocca sugere aos empresários: "Comece com boas pessoas, estabeleça regras, comunique-se com seus funcionários, motive-os e recompense-os. Se você fizer todas essas coisas de maneira eficaz, não pode errar".[57]

Repare, um concorrente pode até copiar um produto ou um serviço, mas, se a sua vantagem competitiva for o atendimento encantador, será muito mais difícil alguém copiar o seu sucesso. O líder pode ser um grande protagonista nessa tarefa de reconhecer, engajar e transformar a vida das pessoas, não deixe de ser essa pessoa para os seus funcionários.

Lee Cockerell, conta em seu livro *Criando magia*[58] que, certa vez, recebeu uma carta de um cliente Disney que dizia: "Eu estava procurando a magia nos lugares errados. Sua equipe é a magia".

Se seu time estiver verdadeiramente engajado, poderá também encantar os clientes e, dessa forma, fazer a magia acontecer. Claro que, nesse processo de reconhecimento, um gestor tem papel marcante: não subestime o impacto emocional que um líder pode provocar

---

57 RYAN, L. Start with Good People. **Corporate Wellness Magazine**, 6 nov. 2014. Disponível em: https://www.corporatewellnessmagazine.com/article/start-good-people. Acesso em: 3 jul. 2021.

58 COCKERELL, L. **Criando magia**: 10 estratégias de liderança desenvolvidas ao longo de uma vida na Disney. São Paulo: Benvirá, 2017. p. 183

em seus funcionários nem os resultados que uma equipe motivada pode conquistar. A seguir, apresento algumas maneiras de um líder reconhecer e engajar sua equipe investindo nada ou bem pouco em termos financeiros.

Elogie

Por que economizar elogios? Já parou para pensar como algumas pessoas são fortemente impulsionadas quando reconhecidas publicamente? Além de não custar nada, um elogio faz maravilhas para a confiança do funcionário e é um estímulo poderoso que motiva as pessoas e as tornam ainda mais dedicadas e esforçadas.

Repare que, quando você faz um elogio merecido e verdadeiro a uma pessoa, além de agradá-la, faz com que ela se preocupe em fazer jus às suas palavras e manter a reputação sobre o que foi dito.

Verbalize palavras de incentivo e mostre a importância de cada pessoa nos resultados. Saber o que faz e o impacto que isso tem lá na ponta se for feito com entusiasmo e assertividade motiva ainda mais o seu colaborador. O líder deve sempre cumprimentar e chamar pelo nome os integrantes do time, demonstrando interesse e atenção. O fato de cada integrante se sentir escutado e ainda premiado por uma performance apresentada reflete no ânimo geral da equipe, que se vê valorizada.

É simples: basta um comentário aqui, um elogio por escrito ali, e temos um combustível grátis que marca a vida do outro de maneira profunda.

Lee Cockerell conta ainda[59] que, certa vez, quando trabalhava em uma grande rede hoteleira, enviou uma carta escrita à mão para um colaborador que atuava na gestão de alimentos e bebidas do hotel. O conteúdo enfatizava a competência e importância desse funcionário para a organização e ressaltava que, se algum dia ele pensasse em deixar a empresa, que falasse antes com o líder. Depois de um tempo, Lee foi jantar na casa desse funcionário e se surpreendeu quando viu a carta emoldurada na parede. Foi aí que ele percebeu como um gesto simples

---

59 *Ibidem.* p. 256-7.

de reconhecimento – feito de maneira gratuita e que não levou nem cinco minutos para ser realizado – faz tanta diferença na vida de uma pessoa.

Há pouco tempo, recebi um vídeo-depoimento de um ex-funcionário relatando o quanto foi importante o momento em que entreguei a ele uma placa de vendedor revelação do ano. Isso foi em 2002 e, mesmo depois de tantos anos, ele ainda lembra e guarda com todo esmero a premiação. Na época, ele era um vendedor iniciante e espetacular e se tornou um líder empreendedor competente e respeitado no ramo da fotografia.

Materialize o reconhecimento

Terminamos o capítulo anterior apresentando as maravilhas que um processo de avaliação da equipe pode fazer na performance dos colaboradores, na experiência do cliente e nos resultados da empresa. Agora, apresento um excelente *case* de reconhecimento atrelado à avaliação.

Fui visitar a Leroy Merlin, loja de materiais de construção e decoração, e um profissional muito atencioso me atendeu com maestria. Notei que ele usava uma faixa de capitão em seu braço, igual às utilizadas por jogadores de futebol. Perguntei a ele o motivo da faixa.

Ele, muito feliz e orgulhoso, me respondeu que havia sido muito bem avaliado pelos clientes e, por isso, agora vestia a faixa de "Capitão de atendimento Leroy".

É uma ideia sensacional que você também pode utilizar para reconhecer e destacar o profissional que melhor se sair na avaliação dos clientes. O profissional ainda me confidenciou que, por ser o capitão de atendimento, deixa de fazer três coisas:

- Repor mercadoria. Ele deve ficar focado no que faz de melhor, que é atender o cliente;
- Marcar preços. Isso se deve à necessidade de ficar atento à aproximação e abordagem ao cliente;
- Sair da seção. Nem para ir ao banheiro.

Esse último item ele me falou brincando, mas disse que, se precisasse sair, precisaria passar a faixa de capitão para o atendente que ficou em

A ARTE DE ENCANTAR CLIENTES

segundo lugar na avaliação. É uma maneira de nunca deixar a área sem um líder a que o cliente possa recorrer em caso de dúvidas.

Uma prática genial, que comunga perfeitamente a avaliação e o reconhecimento em público dos melhores profissionais na arte de atender com excelência e encantar clientes. E o melhor: os custos desse tipo de reconhecimento são baixíssimos.

Cuide da equipe

Um gesto vale mais do que mil palavras. Me lembro de uma ocasião em que, depois de ter completado os primeiros trinta dias de trabalho em uma grande empresa de bebidas, entrei na sala de Umberto Martino, meu diretor e relatei que o pagamento não havia sido creditado na minha conta bancária e que estava preocupado por precisar pagar algumas contas. Ele me surpreendeu: abriu a carteira, fez um cheque e me disse que eu poderia devolver o valor quando o problema fosse resolvido e eu recebesse da empresa. Pude perceber não só a preocupação genuína dele com os meus compromissos financeiros mas, sobretudo, o apreço dele comigo. Nunca me esqueci dessa atitude e suei a camisa até o último dia em que trabalhei nessa empresa. Todos na equipe admiravam esse grande líder e entregavam o seu melhor sob o comando dele.

Deixe sua equipe brilhar

Já parou para pensar quantas vezes ocorre um fato simples e o funcionário tem que falar com o chefe para liberar qualquer tipo de exceção? Treine bem, mostre quais são os motivos válidos para a fuga do padrão e o autorize a dizer sim.

Nos parques da Disney é comum ver cenas como a pipoca de uma criança cair no chão e, antes mesmo que os pais briguem com ela, um colaborador se apressar e entregar um novo pacote para a família.

Um caso muito interessante ocorreu no Florida Hospital e foi relatado por Fred Lee em seu livro *Se Disney gerenciasse o seu hospital*.[60]

---

60 LEE, F. **Se Disney administrasse seu hospital**: 9 ½ coisas que você mudaria. Porto Alegre: Grupo A, 2008. p. 96.

Certa vez, uma família veio de longe para visitar um parente no hospital, mas chegou alguns minutos depois do fim do horário de visita. A enfermeira não queria liberar a entrada, mas, quando o familiar disse que eles haviam viajado horas de outro estado até lá para aquele momento, na mesma hora a funcionária os deixou entrar para a visita. A funcionária se sentiu especial em poder analisar e decidir ela mesma pela exceção no caso do horário de visitas. Seu funcionário tem autoridade para abrir uma exceção? Avalie e informe quais são os casos em que a sua equipe pode tomar a iniciativa.

Jan Carlzon, autor do livro *A hora da verdade*,[61] afirma que "dar a alguém a liberdade para assumir responsabilidades libera recursos que de outra maneira permaneceriam ocultos".

Celebre as vitórias

Sábio é aquele que não espera perder para só depois dar o devido valor, então valorize e celebre cada conquista, por menor que seja, da equipe. Cobre muito do seu time, mas não deixe de celebrar e comemorar, enfim, de fazer reforços positivos, tanto em conversas particulares quanto em público. Dessa maneira, você motiva o colaborador e, ao mesmo tempo, estimula uma atitude que traz excelência ao atendimento, já que uma das coisas que o colaborador mais deseja em sua jornada profissional é ser percebido, elogiado e festejado.

Essa celebração pode ser um elogio na frente de todos os colegas da empresa, um sino tocando efusivamente ou até uma champanhe aberta para comemorar alguma grande conquista. Momentos assim se tornam inesquecíveis na mente de vários colaboradores, são fatores de retenção de talentos, elevam o engajamento, aumentam a produtividade e incendeiam a performance da organização.

---

61 CARLZON, J. **A hora da verdade**: a história real do executivo que delegou poder às pessoas na linha de frente e criou um novo conceito de empresa focada nos clientes. Rio de Janeiro: Sextante, 2005.

A ARTE DE ENCANTAR CLIENTES

Cinco ações que motivam a custo ZERO

Motivar e reconhecer não precisam ser atividades caras e complexas. Existem algumas ações simples e práticas que você pode realizar em qualquer tipo de empresa e que podem melhorar sensivelmente o dia das pessoas ao seu redor, aumentando consideravelmente a motivação empregada em cada atividade. A seguir, listo cinco práticas que você pode implementar imediatamente:

Notícia boa do dia

Crie o hábito na empresa de enfatizar as coisas boas, tendo em mente que o que você foca normalmente expande, sendo bom ou ruim. Peça para sua equipe pensar sobre esse conceito e sempre procurar algo positivo em toda situação.

Estabeleça a notícia boa do dia, ou seja, ao fim do expediente, cada colaborador deve compartilhar com a equipe o fato mais especial do dia. Ele pode postar no grupo de WhastApp ou, em uma breve reunião, contar exatamente a ocorrência mais positiva do dia. Quem procura acha, e esse simples hábito de buscar um aspecto positivo cotidianamente servirá de treinamento para construir uma visão mais otimista no dia a dia de cada pessoa e de todos os funcionários.

Com essa visão otimista praticada diariamente, você – e sua equipe! – vai perceber que, por mais difícil que uma situação possa parecer, é motivador saber que isso provavelmente será apenas uma fase, um pedaço pedregoso do caminho, não o percurso todo. Essa sensação nos torna resilientes e preparados para os períodos de turbulências.

Participação gera comprometimento

Algumas vezes, quando chego em uma empresa para apresentar uma palestra, o gestor reclama para mim dizendo que a equipe não está comprometida, que não veste a camisa. Nessa hora, geralmente, pergunto: "Mas você tem dado a camisa para ele vestir?".

A camisa, simbolicamente, pode ser o direito de saber primeiro, ou seja, o funcionário deve ser o primeiro a ser comunicado sobre os rumos que a empresa pretende tomar, os novos projetos e as campanhas de divulgação; tudo isso para não ficar, como em muitos casos, com a sensação de "marido traído", ou seja, ser o último a saber ou só descobrir grandes novidades em um anúncio ao público geral.

Outro fator que faz o funcionário não vestir a camisa é ele não se sentir realmente parte do todo, ou seja, quando acha que a empresa o considera apenas um número, quando não se vê como alguém que tem a oportunidade de compartilhar opiniões e dividir ideias. Aliás, incentivar a equipe a compartilhar ideias para melhoria do produto, processo ou serviço costuma gerar uma situação "ganha-ganha", em que a empresa recebe uma boa sugestão para aplicar na organização e o colaborador ouvido se sente feliz, reconhecido e parte relevante da engrenagem empresarial.

Quando o funcionário se sente envolvido em algum assunto relevante, como ter voz em decisões estratégicas ou em projetos importantes, costuma se sentir acolhido e tende a se tornar mais comprometido com a organização.

Mensagens comportamentais como apoio

Uma simples mensagem positiva no celular pode mudar o dia de um colaborador para melhor. Essa atitude pode gerar mais resiliência, podendo ser o reforço necessário para continuar a labuta e aguentar períodos mais turbulentos. Frases comportamentais são aquelas que, quando lemos, mudam nossa percepção de maneira positiva. Exemplos de frases ou mensagens que podem ser compartilhadas com as equipes:

- A voz que você mais escuta é a sua. Transborde otimismo;
- O que você escolhe pensar determina como escolhe viver;
- Há ganhos que não são materiais;
- Tome uma dose de vitamina "O" de otimismo e siga em frente;
- Muitos querem o destino glorioso. Poucos se dispõem a suportar a caminhada;

A ARTE DE ENCANTAR CLIENTES

- Cuidado para que a voz negativa do outro não vire uma lei em sua vida;
- O aplauso do outro é importante, mas o aplauso mais impactante vem do nosso interior;
- Quando faltar motivação, vá com disciplina.

Ao longo deste livro, destaquei diversas frases que considero inspiradoras. Volte as páginas e veja quais são interessantes e devem ser compartilhadas. Seja um mensageiro da motivação, do otimismo e da positividade.

Metas fatiadas

Adote a prática de dividir os objetivos em conquistas menores. A divisão de metas em partes ou em etapas é primordial para evitar que o funcionário se sinta sobrecarregado e trave diante de um objetivo que lhe parecer impossível.

Imagine que um vendedor precise conquistar 360 clientes por ano. Esse número pode assustar e até desmotivar o funcionário, que vê o número como inatingível. Quando você diz a ele que precisa abrir trinta cadastros de novos clientes por mês ou, ainda, apenas um cliente a cada dia, o número fica mentalmente mais crível e, a partir daí, sua proatividade e engajamento com a meta tendem a ser potencializados.

Feedbacks individuais no formato P.N.P.

Muitos líderes se preocupam constantemente em motivar a equipe, mas jogam tudo por água abaixo quando precisam corrigir algum integrante da equipe, pois comunicam o erro de maneira inadequada e, muitas vezes, humilhante, o que é altamente desmotivador.

A comunicação ideal ocorre quando o emissor fala e o receptor entende a mensagem, sobretudo quando o conteúdo da mensagem produz o efeito desejado. Por isso, se você tem que chamar a atenção para algum erro, use da técnica do sanduíche, ou, como prefiro chamar, PNP.

O PNP é, na verdade, a abreviação de Positivo, Negativo e Positivo. Trata-se de um roteiro que seguimos durante uma conversa avaliativa assertiva, principalmente quando se pretende aliar uma dose de seriedade e correção. Além de conseguir apontar os erros, orienta o funcionário da forma correta, mantendo a outra parte empenhada e motivada.

Imagine a seguinte cena: um subordinado comete um erro no trabalho. Normalmente, o chefe chama a atenção dele em voz alta e na frente de muita gente. Mesmo sabendo que isso não é uma forma adequada de corrigir um indivíduo, na hora, você só pensa que quer desabafar e descontar a raiva em cima de quem errou. O que você deve manter em mente nesses momentos é a seguinte pergunta: "Você quer aliviar uma frustração momentânea ou quer corrigir e impedir que o erro se repita?".

O ideal é chamar a pessoa em particular e seguir o roteiro em três passos:

1. Positivo

Inicie a conversa elogiando a pessoa que está diante de você, que inevitavelmente deve possuir alguma qualidade, caso contrário, você já deveria tê-la demitido em vez de ficar brigando.

Quando o funcionário faz alguma besteira e você o chama para uma conversa particular, ele já espera que a conversa inicie com uma grande bronca. Pois é, a técnica é justamente o contrário, você surpreende o ouvinte iniciando com um "P" de positivo, evidenciando algum mérito na conduta ou atuação do colaborador e preparando o terreno para que ele abaixe o escudo que estava carregando. A tentativa de abaixar o escudo é exatamente para que o funcionário esteja aberto para receber a crítica de uma maneira construtiva e absorva a informação, o que geralmente não acontece quando se está na defensiva. Fazendo assim, quem errou percebe que a crítica não é pessoal e que os acertos e méritos dele são reconhecidos. Mas fique atento: não "passe a mão na cabeça", afinal algo de errado aconteceu e precisa ser discutido para que não ocorra novamente.

2. Negativo

Agora é o momento certo do "N", o segundo passo no diálogo construtivo.

Mostre o erro sempre com foco no problema, no que deu errado, e nunca na pessoa. Por exemplo, se o funcionário fez um serviço em um tempo bem maior que o padrão, jamais diga que ele é devagar e, em hipótese alguma, o ofenda com comparações nada lisonjeiras. Prefira dizer que tal trabalho precisa ser feito com maior agilidade ou que a média de tempo da tarefa é bem inferior.

Apresente os resultados negativos que ocorreram, os erros e os aspectos divergentes e aponte a forma correta de fazer, pois é falando de maneira assertiva que corrigimos e resolvemos a situação de uma vez por todas.

Nessa etapa da conversa, você pode também fazer uso da palavra "decepção" quando for apontar o ato falho da pessoa. Já reparou que só nos decepcionamos com as pessoas que gostamos? Se ele perceber isso também, será mais um ponto a favor do entendimento e da correção.

3. Positivo

Mas o fim será triunfal se não esquecer de utilizar novamente o "P".

As últimas palavras devem ser de reforço positivo, afinal não se deseja que a outra parte fique zangada ou com raiva de você nem da empresa – até porque isso não iria melhorar as coisas –, mas que ela entenda a situação e retifique o que fez de incorreto.

Encerre a conversa e o feedback destacando outros pontos fortes ou elogios, assim você "ganha" a simpatia de seu subordinado, que se mantém motivado e firme no propósito. Com essa atitude, você passa a ser admirado pelos corredores, pois o líder ou gestor de pessoas moderno precisa conseguir que todos remem juntos e na direção correta.

Como manter toda a equipe motivada

"As pessoas costumam dizer que a motivação não dura.
Bem, nem tomar banho – é por isso que
o recomendamos diariamente."

Zig Ziglar[62]

Um levantamento da consultoria de recrutamento Michael Page, realizado em 2019 com candidatos a vagas de emprego, apontou que oito em cada dez profissionais pedem demissão por causa do chefe.

A pesquisa[63] ainda apontou os principais motivos que levam ao desânimo e desmotivação dos profissionais no emprego:

- Liderança sem referência;
- Equipe sem reconhecimento;
- Falta de feedback;
- Falta de treinamentos;
- Delegar × "Delargar";
- Falha na contratação.

Perceba que, sem motivação, os dons mais raros de cada colaborador se tornam improdutivos, e é por isso que um líder empreendedor deve buscar alternativas para manter sua equipe sempre motivada.

A teoria RAP (Realização-Afiliação-Poder)[64] desenvolvida pelo psicólogo David McClelland, da Universidade Harvard, é uma poderosa ferramenta para provocar a motivação. Ela separa as pessoas em três

---

62 ANGELA, R. Zig – Motivation and Baths; Recommended Daily. **DUE**, 18 fev. 2021. Disponível em: https://due.com/blog/zig-ziglar-motivation-and-baths-recommended-daily/. Acesso em: 3 jul. 2021.

63 8 EM cada 10 profissionais pedem demissão por causa do chefe; veja os motivos. **G1 Economia**, 22 jan. 2019. Disponível em: https://g1.globo.com/economia/concursos-e-emprego/noticia/2019/11/22/8-em-cada-10-profissionais-pedem-demissao-por-causa-do-chefe-veja-os-motivos.ghtml. Acesso em: 3 jul. 2021.

64 CAVALCANTI, V.L. *et al.* **Liderança e Motivação**. Rio de Janeiro: Editora FGV, 2009. p. 92.

grupos de personalidades, cada uma com necessidades e fontes motivadoras distintas. Veja um pouco sobre elas:

- **REALIZAÇÃO:** O primeiro grupo é formado por funcionários movidos pela realização. São aqueles que adoram desafios e metas e buscam, por meio da própria superação, ser elogiados e reconhecidos. Nesse perfil, a desmotivação ocorre em função da falta de meritocracia e da ausência de desafios no trabalho.
- **AFILIAÇÃO:** Já o segundo grupo, motivado pela afiliação, em geral, é formado por colaboradores de coração generoso, com um perfil apoiador, que preferem a amizade e o bom relacionamento com as outras pessoas. Priorizam a equipe em detrimento de si e almejam um ambiente de trabalho agradável, em que prevaleça uma forte sinergia no grupo. Para pessoas com esse perfil, o líder, muitas vezes, nem precisa fazer nada diretamente a favor delas, basta agir bem com quem elas se importam e isso será suficiente para agigantarem seus resultados. Um clima organizacional conciliador torna-se altamente motivador para esse grupo, já um ambiente instável ou intranquilo os desmotiva facilmente.
- **PODER:** O terceiro e último grupo é formado por pessoas movidas pelo poder. São aquelas que melhoram seu desempenho quando vislumbram a possibilidade de crescimento profissional ou a chance de exercer influência sobre os colegas de trabalho. O fator desmotivador para esse perfil ocorre quando percebem que não há possibilidade de crescimento hierárquico ou quando não conseguem estabelecer algum tipo de liderança no grupo.

Conhecendo essa teoria, cabe ao líder moderno avaliar a composição da sua equipe, analisar cada integrante atentamente, observando as individualidades e, em seguida, alinhar seu discurso e, principalmente, suas ações para conseguir motivar os três grupos simultaneamente e, assim, formar uma equipe de alto desempenho.

Não confunda satisfação com motivação

Erroneamente, as empresas geralmente investem em satisfação e exigem em troca motivação.

Eu penso que a RAP, teoria motivacional de McClelland apresentada anteriormente, foi brilhantemente complementada pelo estudo de Frederick Herzberg, que publicou a Teoria dos dois fatores, pesquisa que relata a diferenciação entre a motivação e a satisfação das pessoas.

Herzberg concorda com McClelland quanto aos fatores de motivação ou desmotivação estarem ligados a um trabalho desinteressante. Todos buscam um emprego que o faça sair da rotina; propicie aperfeiçoamento constante e desenvolvimento; ofereça desafios que, quando atingidos, sejam reconhecidos; gere participação e interação com os colegas e que ainda confira, à medida que o tempo passa, maior responsabilidade e possibilidades de crescimento e influência.

A novidade surge quando Herzberg apresenta os fatores de satisfação ou insatisfação. São eles: salários, benefícios ofertados, segurança, estrutura/condições do ambiente de trabalho e políticas e regras da empresa.

Note que um funcionário que reclama do salário baixo ou da ausência de um plano de saúde não está desmotivado, está insatisfeito. É importante entender essa tênue diferença, perceber que os fatores de satisfação ou insatisfação estão ligados ao ambiente de trabalho – à cultura organizacional – e dependem da empresa, enquanto os fatores de motivação ou desmotivação estão relacionados ao próprio cargo, e essa percepção depende muito da atitude do líder direto, que pode colaborar ou não para gerar maior produtividade.

Mesmo um colaborador insatisfeito com a empresa pode estar motivado por conta de uma ação adequada e pertinente do seu líder e continuar a conquistar os resultados esperados, superar os desafios e ultrapassar as metas.

Também é comum encontrar funcionários satisfeitos e desmotivados. Há algum tempo, parei em uma cafeteria da cidade de São Paulo para fazer um lanche enquanto esperava o horário de uma reunião e me deparei com uma colega da época de faculdade. Ela me viu entrando e me saudou com um aceno discreto, logo percebi que ela estava cabisbaixa. Começamos um bate-papo, e ela comentou que estava triste e desmotivada porque, apesar de estar trabalhando em uma empresa multinacional e embolsando um belo salário, não se sentia prestigiada pelo novo chefe imediato, que nem ficava no Brasil, demorava para responder as mensagens e não atribuía para ela projetos novos ou desafiadores. Eis aqui um caso típico de um funcionário que está satisfeito com relação aos benefícios concedidos pela empresa, mas está desmotivado com as atitudes indiferentes da liderança.

É evidente que o melhor cenário é ter na equipe funcionários satisfeitos e motivados, mas, se isso não é possível no momento, agora você já sabe qual caminho trilhar para incentivar sua equipe em cada situação.

Empreender também é saber engajar as pessoas, buscando transformar interesses individuais em objetivos comuns ao grupo e à empresa. Portanto, verifique como anda sua atenção nesses quesitos citados e garanta que seus liderados recebam investimentos tanto em satisfação como em motivação.

Grande é aquele que enaltece a grandeza do outro. Pratique o reconhecimento.

A ARTE DE ENCANTAR CLIENTES

REFLEXÕES

Reflexões propostas	Respostas
Você tem o hábito de reconhecer constantemente a sua equipe?	
Qual é a sua forma habitual de reconhecer o pessoal?	
Vocês celebram as vitórias diariamente, semanalmente ou mensalmente? Qual ato festivo tem adotado para comemorar os bons resultados de cada colaborador? E os da empresa?	
Quais ações motivadoras propostas nesse capítulo você pretende implementar?	

RECONHECER PARA ENGAJAR TODO O PESSOAL

Reflexões propostas	Respostas
Quais práticas a empresa adota para deixar os funcionários satisfeitos?	
Quais ações da liderança mais motivam seus colaboradores?	
Ideias	

Surpreender clientes

capítulo 08

Com tanta concorrência no mercado, algumas perguntas permeiam a mente do empreendedor, tais como:

- O que fazer para ser diferente da concorrência?
- Como encantar?
- De que forma conseguirei fidelizar os consumidores?
- Como conquistar clientes que multipliquem a minha marca e falem bem da minha empresa para outras pessoas?

A resposta para todas essas perguntas é: surpreenda positivamente! Supere as expectativas do cliente.

Mas o que é surpreender? Surpreender é fazer mais do que o outro espera. É ir além do previsível, entregar mais do que o cliente espera receber durante a jornada de compra em sua empresa.

"Surpreender é fazer mais do que o outro espera.
É ir além do previsível."

Faça o cliente contar boas histórias sobre a sua empresa. Surpreenda entregando mais do que um simples produto para o consumidor. Esse "entregar mais" pode ser, por exemplo, um produto personalizado, serviços customizados, conveniência, confiança, agilidade, gentileza ou empatia.

A ARTE DE ENCANTAR CLIENTES

> **"Encantar é função de todos na empresa, do entregador ao vendedor, do faxineiro ao marqueteiro, do gerente ao presidente."**

Todos os funcionários devem assumir a missão cotidiana de surpreender, sobretudo aqueles que se relacionam diretamente com o cliente.

Uma pesquisa[65] realizada pela Umbigo do Mundo em parceria com a Opinion Box ouviu 8 mil pessoas em 2020 para saber quais são as empresas mais encantadoras do mercado. O resultado apontou que o cliente se encanta e tem suas expectativas superadas quando recebe um serviço diferenciado, percebe que tem uma relação de proximidade com a empresa ou quando a empresa tem um atendimento que sai do script de uma organização tradicional. Isso fará com que ele pronuncie uma famosa interjeição de espanto: "UAU!" e saia contando essa experiência para muitas outras pessoas, ou seja, multiplicando a sua marca.

A ideia central para seu atendimento sempre deve ser: torne o seu cliente um multiplicador das experiências vividas na sua empresa.

Quando o atendimento encanta e você supera as expectativas, o cliente acaba por relatar essa vivência para várias outras pessoas. Essa empolgação e brilho nos olhos fazem com que outros indivíduos tenham interesse e busquem conhecer ou consumir seus produtos e serviços. É o que faz girar a roda da prosperidade do atendimento encantador e o que alimenta o empreendimento de sucesso.

> **Faça o cliente contar boas histórias sobre a sua empresa. Surpreenda!**

Mas há quem diga que encantar e surpreender é difícil e caro. Será?

A seguir, apresento algumas formas de surpreender, superar as expectativas do cliente e ganhar o "UAU". Com elas, você conseguirá

---

65 BRAVO, L. Exclusivo: saiba quais são as empresas mais encantadoras na visão do consumidor. **Consumidor Moderno**, 1 out. 2020. Disponível em: https://www.consumidormoderno.com.br/2020/10/01/pesquisa-empresas-mais-encantadoras-visao-consumidor/. Acesso em: 3 jul. 2021.

responder a essa pergunta e se inspirará no desafio de fazer o cliente contar boas histórias da sua organização.

Como encantar e conquistar o "UAU" com investimento bem baixo

Personalização ou customização

Personalizar é tornar algo singular, exclusivo, único. Customizar é adaptar ou melhorar a padronização de um produto ou serviço conforme a preferência do cliente com o simples objetivo de tornar a experiência mais significativa.

Pensar em uma forma de entregar o que vende de maneira personalizada, que faça o cliente perceber quanto aquele produto foi pensado ou desenvolvido especialmente para ele, é uma forma simples de encantar e conquistar o tão esperado "UAU". No capítulo 3, falamos sobre algumas vantagens que os pequenos negócios possuem sobre as grandes empresas, e uma delas é a capacidade de personalizar produtos ou serviços, situação extremamente difícil para os negócios de grande porte.

Um exemplo de como isso funciona pode ser dado a partir de uma situação que aconteceu em casa: certo dia, Fabiana, Mariana e Juliana saíram para comprar sapatos. Quando chegaram em casa, as meninas correram até mim e contaram que compraram um modelo de calçado que nunca tinham visto antes. Estavam extremamente felizes e esfuziantes, argumentavam que escolheram esse calçado porque conseguiriam colocar os próprios nomes neles. UAU!

O empreendedor que vende alimentos ou refeições pode estar se perguntando como pode fazer isso. A dica é: se você não consegue customizar o produto, personalize a entrega.

Foi o que fez uma pizzaria do meu bairro. Em um sábado à noite, fizemos o pedido por telefone, acionaram nosso cadastro e, ao recebermos a pizza, percebemos um envelope com um bilhete escrito à mão afixado na caixa. Adereçado a mim, à Fabiana e a nossas duas filhas, era uma singela mensagem com dizeres simpáticos e otimistas. Um belo exemplo de como entregar um produto com carinho, personalização e positividade.

Por falar em entrega e em hábitos de consumo cada vez mais tecnológicos, não podemos deixar de falar sobre como as vendas on-line no Brasil cresceram de modo exponencial, principalmente após o início da pandemia de covid-19. Todo esse desenvolvimento digital não é um processo tão tranquilo quanto parece e veio acompanhado de muitas queixas por parte dos clientes. Para se ter uma ideia, o Procon-SP registrou um aumento de 285% nas reclamações dos consumidores por compras realizadas pela internet entre 2019 e 2020.[66]

A maioria das empresas não estava preparada para tal expansão. Grande parte dessas insatisfações dos consumidores está localizada justamente na entrega do produto, ou seja, na **última milha do varejo**.

Diversas empresas treinam suas equipes de vendas com afinco, mas várias delas ainda não perceberam que, para não propiciar uma jornada frustrante para o consumidor, é importante qualificar o time ou parceiro terceirizado que fará a entrega da mercadoria ou prestará o serviço.

A seguir, apresento casos de empresas que se diferenciam da concorrência ao personalizar ou customizar seu produto de alguma forma, sempre com o intuito de fazer uma diferença na jornada do cliente:

- **STARBUCKS:** O atendente chama o cliente pelo nome na hora de entregar o pedido;
- **REPUBLIQUE DU CAFÉ – SÃO PAULO/SP:** O café é servido com uma espuma em forma de coração ou de alguns bichinhos;
- **KOPENHAGEN:** A xícara de café é servida com um biscoito ou chocolate da casa sem custo adicional;
- **CACAU SHOW:** Um dos ovos de páscoa da marca pode ter a embalagem personalizada com fotos do Instagram do cliente;
- **VIVARA:** As joias podem vir com o nome do presenteado gravado;
- **UNHAS CARIOCAS:** A manicure inseriu detalhes da personagem da Disney preferida da minha esposa e, no dia seguinte, ainda

---

66 CRESCEM reclamações contra compras online. **Procon SP**, 14 jan. 2021. Disponível em: https://www.procon.sp.gov.br/crescem-reclamacoes-contra-compras-online/. Acesso em: 3 jul. 2021.

enviou uma mensagem no WhatsApp com os dizeres: "Muito obrigada por nos escolher para cuidar de você";
- **Crocs:** O sapato pode ganhar adereços, adesivos, pingentes e até letras, como fizeram minhas filhas, Mari e Juju.

Quando uma empresa personaliza um produto ou serviço, ela se diferencia da concorrência, assume um status de extraordinário que torna o item singular e atrai, engaja e potencializa os resultados.

Conveniência

Para explicar esse conceito, vou contar uma situação muito especial que aconteceu com minha família em 2018, quando estávamos em Orlando e visitávamos a Disney Springs. Logo no início do passeio, adentramos uma Disney Store e ficamos maravilhados com tantos produtos encantadores. Acabamos adquirindo alguns itens, como chaveiro, camiseta, bonecas e até duas mochilas para as meninas usarem na escola. Quando estávamos na fila do caixa, comentei com a Fabiana: "Como iremos curtir um dia tão agradável carregando todas essas coisas?".

Na mesma hora, uma colaboradora da loja, atenta e gentil, respondeu em português: "Não se preocupem, senhores, nós cuidamos disso

A ARTE DE ENCANTAR CLIENTES

para vocês. Podemos levar as compras até o seu hotel. Podem continuar o passeio, visitem outras lojas, almocem em um restaurante bacana, alimentem os esquilos, façam um passeio de balão com as meninas, e, quando chegarem no quarto do hotel, garanto que os presentes já estarão em cima da cama". Foi incrível, no mesmo instante nós dissemos: UAU!

No Brasil, também temos belos exemplos de micro e pequenas empresas que já perceberam a conveniência como oportunidade e vantagem competitiva. Um amigo me deu um tênis de presente de aniversário, mas não acertou na numeração. Fiz contato com a loja pelo WhatsApp e expliquei o ocorrido. A loja disse que, para minha comodidade, eu poderia trocar sem precisar ter que passar pelo trânsito intenso do centro da cidade. O atendente pediu meu endereço e solicitou que eu deixasse o tênis com a numeração errada na portaria do prédio. Minutos depois, o motoboy passou, retirou o par e deixou o mesmo modelo na numeração correta. Foi muito simples, fácil e cômodo fazer a troca nesse estabelecimento, e olha que eu ainda nem era cliente! A partir daí, comecei a comprar com frequência na loja.

Outro exemplo brasileiro muito bacana, eu pude ver em uma concessionária de veículos no interior de São Paulo denominada Dokar Veículos. Ao deixar o carro para fazer a revisão, você não precisa ficar o dia todo dependendo de outros tipos de transporte. Na Dokar, você tem a opção da revisão noturna, ou seja, você pode levar o carro à noite e, quando acordar pela manhã, o veículo já estará disponível. UAU!

Essas e outras comodidades costumam ser diferenciais fáceis de serem implementados em inúmeros negócios que ficam um passo à frente dos concorrentes.

Confiança

Agora, você vai ler um caso incomum que conheci no programa *Pequenas Empresas & Grandes Negócios* (PEGN). É o caso de uma empreendedora que fechou as portas do seu negócio e começou a faturar bem mais.

Durante o lockdown estabelecido no início da pandemia de covid-19, a proprietária de uma loja de roupas precisou cessar o atendimento presencial. Em vez de desistir, ela montou uma lista de clientes especiais, que passaram a receber, na porta de casa e sem nenhuma obrigação de compra, uma mala com roupas nos tamanhos e modelos que habitualmente compravam. Isso gerou uma grande reciprocidade, pois várias dessas clientes se sentiam lisonjeadas pela confiança da empreendedora e – como prega a lei da reciprocidade – adquiriam sempre alguma peça como forma de prestigiar a atitude e o empenho da lojista. UAU!

Em algumas oportunidades, nós passamos a confiar em um profissional ao perceber que ele é tão bem treinado e focado em resolver o problema do cliente que chega até a indicar outras empresas e produtos.

Certa vez, um amigo contou que foi em uma loja adquirir um equipamento eletrônico específico para gravação de vídeos. O vendedor não tinha aquele produto em estoque, nem mesmo um similar que atendesse às necessidades dele. Em vez de empurrar um outro item que não seria a melhor escolha, o atendente, especialista no assunto, explicou as diferenças, falou das opções existentes no mercado, foi até o computador da loja, mostrou qual seria o produto e a marca ideal e salientou ainda as lojas onde ele poderia encontrar o item procurado.

Repare que o vendedor não faturou naquele atendimento, mas ganhou o principal: a admiração e a confiança do cliente, que com certeza irá voltar quando precisar de outros equipamentos. UAU!

Gentileza

Uma vez, levei minha família para relaxar no La Torre Resort, localizado em Porto Seguro. Fizemos a reserva e, um dia antes do voo, uma funcionária do hotel fez contato conosco, nos perguntou o número do voo e o horário previsto para a chegada. Quando desembarcamos na Bahia, fomos surpreendidos no aeroporto com um taxista sorridente, segurando uma placa com o nome da família e informando que estava ali especialmente para nos levar ao hotel. Tudo de surpresa e a custo zero. UAU!

Ainda no setor de transportes e turismo, a Gol Linhas Aéreas também já me proporcionou um atendimento diferenciado. Estava no meu assento, já na aeronave, aguardando a decolagem, quando, de repente, uma comissária de bordo se dirigiu até mim e disse, de maneira gentil e inesperada: "Senhor Erik, seja bem-vindo a bordo. Muito obrigada por ser nosso cliente diamante. Estamos felizes por você estar voando conosco novamente".

Uma atitude delicada e cortês. Podemos dizer que foi um golaço de gentileza. Foram apenas alguns segundos do tempo da comissária que tornaram a minha experiência de voo diferenciada. Um exemplo de como devemos tratar todos e, em especial, os clientes assíduos. E quanto custa essa atitude?

Vale ressaltar que essa comissária de bordo não me conhecia anteriormente, mas deve ter sido alertada pelo sistema de comunicação da empresa que o cliente na poltrona 3C voa com bastante frequência pela companhia. Observe que encantar, em muitos casos, significa apenas usar as informações que você já possui, basta apenas utilizá-las de maneira inteligente.

Outro exemplo muito bacana é relatado por Fred Lee em seu livro *Se Disney administrasse seu hospital*.[67] Lee conta que, certa vez, um hóspede de um hotel da rede Marriott perguntou à recepcionista onde poderia encontrar agulha e linha para pregar um botão. Ela deu um breve sorriso e respondeu que ele não precisaria se preocupar, pois, se assim desejasse, ela mesma poderia fazer o pequeno conserto. UAU!

Com essa cortesia inesperada, a atendente surpreendeu o cliente. Afinal, ela não é paga para pregar botões, mas se ofereceu para auxiliar, foi além do que o hóspede esperava e, com tamanha gentileza, encantou.

Agilidade

Na atual dinâmica de consumo, além de entregar, é preciso ser cada vez mais assertivo e ágil nesse processo.

Pare um pouco, pense como cliente e me responda: como você se sente quando deixa o carro para um conserto demorado e recebe uma ligação informando que o veículo ficou pronto antes da hora ou dia combinado?

---

67 LEE, F. **Se Disney administrasse seu hospital**: 9 ½ coisas que você mudaria. Porto Alegre: Grupo A, 2008. p. 60.

SURPREENDER CLIENTES

Há pouco tempo, fui ao escritório de um amigo proprietário de um estúdio de gravação, que, ao me receber, pediu para eu aguardar um instante enquanto concluía a compra de uma lâmpada para a iluminação profissional de fotos e vídeos. Antes de efetivar a compra, ele me mostrou dois vendedores no site Mercado Livre. Ambos tinham a mesma lâmpada e remetiam com frete grátis, mas, em um, o produto custava 82 reais e, no outro, 87 reais. Ele escolheu pagar mais caro, sabe por quê? O primeiro prometia a entrega em até sete dias, mas o segundo fornecedor aparecia em destaque com os dizeres: "Compre hoje e receba amanhã". Bingo! A rapidez na entrega foi o diferencial, ele pagou mais caro pelo mesmo produto e ficou feliz ao recebê-lo logo na manhã seguinte.

A seguir, um outro caso que uniu agilidade, atenção e cuidado, mais uma vez protagonizado pela minha família.

A ortodontista Rafaella Kamiguchi atende nossa família há anos, em especial Mariana, que precisou corrigir os arcos dentários. Mensalmente, ela nos recebe em seu consultório para avaliar e corrigir o aparelho dentário dela. A manutenção seguia normal e dentro do previsto até que, em um sábado à noite, minha filha mordeu um gelo, e uma parte pontuda do aparelho quebrou e começou a espetar e machucar sua gengiva. Ela começou a chorar incessantemente. Fabiana não teve dúvida, mesmo sendo um fim de semana à noite, pegou o telefone e ligou para o celular da dra. Rafaella. E, para nosso espanto, ela atendeu a ligação. Escutou o choro de minha filha e o lamento de minha esposa. Como eu poderia esperar mais desse atendimento?

Por se tratar de um sábado à noite, ela poderia perfeitamente não atender o telefonema de uma paciente, poderia também atender e só indicar algum procedimento que melhorasse a dor, poderia agendar uma consulta para segunda-feira de manhã ou, na melhor de todas as hipóteses, poderia pedir para corrermos para o consultório em pleno fim de semana. Eu estava esperando por qualquer uma dessas alternativas, mas ela nos surpreendeu. Com tamanha atenção, cuidado e agilidade, disse: "Fiquem tranquilos, sei como resolver. Estou dirigindo e falando com vocês pelo sistema viva-voz. Passei o dia todo em um curso de especialização e estou voltando para casa agora. Como minha maleta está aqui no carro e sei onde vocês moram, daqui a quinze minutos chego aí para atender a Mariana". Em pleno sábado à noite, ela foi até o nosso apartamento, ajustou o aparelho e cessou a dor. UAU!

Empatia

Empatia é saber se colocar no lugar do próximo, tentar entender o que o outro sente e, dessa forma, contribuir para o bem-estar da outra pessoa.

Certa vez, Mari, na época com 3 anos, acordou com o corpo bem quente de febre. Fabiana e eu medimos a temperatura dela e percebemos que já se aproximava dos 40 ºC. Ficamos em pânico; enquanto eu entrava no banho frio com ela, Fabi ligou para minha irmã Karina para pedir ajuda. Ela indicou um colega pediatra, o dr. Francisco Furtado. Ligamos, e a secretária informou que era possível nos atender ainda naquela manhã, às 10 horas.

Chegamos pouco antes da hora marcada. E nos surpreendemos positivamente quando o médico, pontualmente às 10 horas, chamou o nome da minha filha.

Entramos, e ela foi examinada com extrema calma, cuidado e atenção. Dr. Francisco pesou, mediu, fez as perguntas básicas, realizou o diagnóstico e, carinhosamente, nos entregou a receita de medicamentos que resolveria aquela infecção. A história, como na maioria das visitas médicas, poderia acabar aqui, mas o melhor ainda estava por vir: no dia seguinte, por volta das 13h30, o telefone de casa tocou. Era o dr. Francisco. Eu até brinquei com a Fabiana, dizendo que, se ele estava ligando, era porque havia acontecido algum problema com o cheque emitido no dia anterior. Mas não, ele ligou e falou: "Estou ligando para saber se a Mariana já está melhor, se tomou os medicamentos e se a febre já passou". UAU!

Viramos não só pacientes ou clientes, nos tornamos fãs desse profissional. Pare para pensar: será que é tão difícil ou caro fazer o que ele fez?

Algum tempo depois, eu encontrei o dr. Francisco e perguntei: "Como o senhor consegue ligar para os pacientes? Deve ter um dia atribulado com as consultas".

Ele respondeu: "É fácil, reservo trinta minutos do meu dia para acompanhar as famílias, telefonando para alguns pacientes do dia anterior para saber como estão ou se ainda precisam de alguma ajuda".

E não acabou por aí. Durante a consulta, ele normalmente passa o número do celular. Alguns meses depois, Juliana, no meio da noite, começou a tossir e não parava mais. Parecia estar com falta de ar, ficamos muito assustados. Olhei no relógio, que marcava 1 hora da madrugada. Pensei: *Agora eu quero ver se o médico vai atender*. Liguei para o número, e qual não foi a minha surpresa quando ele atendeu a ligação! Por telefone, nos acalmou e explicou o que precisávamos fazer para conter os espasmos, que, de fato, melhoraram com a recomendação médica. UAU!

Esse episódio já faz mais de dez anos, mas, até hoje lembramos do atendimento cuidadoso, carinhoso, empático e encantador do médico.

Empatia também é importar-se verdadeiramente com a dificuldade do outro.

Às vezes, o que a gente mais quer escutar é: "Eu vou dar um jeito e resolver isso para você".

Em dezembro de 2020, fui apresentar um ciclo de nove palestras seguidas em municípios do Mato Grosso. Tudo correu bem até a penúltima cidade. Cheguei em Jaciara, me hospedei no Hotel Taba e fui muito bem acolhido. O evento estava marcado para as 19 horas e seria no SindicatoRural de Jaciara. Às 18h30, quando cheguei no local do evento, percebique toda a rua estava sem energia, inclusive o prédio do sindicato. Decidimos aguardar até as 19 horas. Os convidados começavam a chegar quando o responsável pelo local disse que a energia só retornaria no dia seguinte.

Na mesma hora, peguei o telefone, fiz contato com o Taba Hotel e falei sobre o ocorrido com a atendente. Perguntei se ela poderia nos ajudar com alguma sugestão ou indicação de local para a realização do evento. E, para minha alegria, a responsável do hotel se apressou em me dizer: "Sr. Erik, fique tranquilo, eu vou dar um jeito e resolver isso pra você. O senhor veio de São Paulo até aqui e não vai perder a viagem. Não temos um auditório, mas a palestra pode acontecer aqui no hotel, temos um espaço amplo no restaurante. Pode pedir para os organizadores direcionarem o pessoal pra cá, pois vou agora mesmo arrumar as mesas, cadeiras e demais detalhes. Em trinta minutos a palestra pode começar".

E o evento foi um sucesso. UAU!

Não basta simplesmente escutar, é preciso compreender e sentir o cliente.

Tenho outro exemplo sensacional que também ocorreu no lindo estado do Mato Grosso, agora no município de Juína. Eu havia reservado um quarto no Caiabi Park Hotel e, alguns dias antes da viagem, expliquei ao gerente que precisaria apresentar uma palestra on-line enquanto estivesse hospedado e que, portanto, necessitaria de uma boa conexão de internet e uma televisão para mostrar os slides durante a apresentação virtual.

Logo na chegada, fui surpreendido. O próprio gerente me recebeu, me chamou pelo nome, lembrou que era eu quem faria a palestra on-line e fez questão de me levar até o quarto. Ao chegar no dormitório, me apresentou as acomodações e disse: "Eu coloquei o senhor neste quarto, porque fica bem ao lado da sala de reuniões, que já está reservada para você". Ele me levou até lá e enfatizou que o ambiente contava com internet de alta velocidade e complementou: "Já separei um cabo que ligará o modem até o seu laptop, assim podemos evitar oscilação no sinal. Temos uma TV de 32 polegadas, mesa de apoio, cadeira, *flip chart*, água e dois aparelhos de ar-condicionado".

Fiquei encantado, a transmissão foi perfeita, e a palestra foi um sucesso. UAU!

Repare que, nesses dois últimos exemplos, as empresas eram focadas em hospedagem, mas me encantaram em serviços além de suas funções, pois importaram-se verdadeiramente com a minha necessidade e surpreenderam.

"Atender bem é tratar bem, é importar-se verdadeiramente com a causa do outro."

Todas essas são histórias reais, empreendedoras, de quem investiu, financeiramente falando, nada ou muito pouco, mas que surpreendeu, encantou e conquistou multiplicadores do seu negócio.

Surpresa memorável

O caso emblemático que contarei agora ocorreu em uma loja de varejo na cidade de São Francisco (EUA) e foi descrita por Fred Lee no livro

Se Disney administrasse seu hospital.[68] Na ocasião, uma mulher fez compras na loja Nordstrom e, como eram muitas sacolas, pediu para que o estabelecimento entregasse os produtos onde ela estava hospedada. Quando a encomenda chegou, ela percebeu que os sapatos não eram aqueles comprados; por algum motivo, haviam sido entregues outros pares. Irritada, ela ligou na loja para reclamar. O funcionário percebeu pelo tom de voz que a cliente estava furiosa, pediu desculpas e informou que ela nem precisaria procurar uma maneira de ir até lá, ele enviaria, naquele instante, um motorista para apanhá-la na porta do hotel. Rapidamente, ela foi informada de que havia um carro esperando por ela na recepção. Quando desceu, viu um carrão luxuoso esperando. Sim, não era um carro qualquer, a loja havia enviado uma limusine para buscá-la. Ela ficou encantada e, ao invés de reclamar, ficou impressionada com aquela surpresa e experiência incrível. UAU!

Anote agora mesmo essa dica de ouro: reserve você também uma quantia mensal para proporcionar momentos memoráveis para seus consumidores. Isso não é despesa, é investimento.

Há várias ocasiões ou datas nas quais você pode fazer isso. Por exemplo: você sabia que em 15 de setembro se comemora o dia do cliente? É comum encontrar empresas fazendo promoções e ofertas para vender mais nesse dia, mas, quem sabe, você aproveita para elencar alguns clientes assíduos e fazer uma surpresa realmente inesquecível?

Agora, IMAGINE se você fizer algo muito bacana e o post de um desses clientes viralizar? Aí, sou eu que vou dizer: "UAU... parabéns pela iniciativa!".

Ah, não sei se você percebeu, mas, no parágrafo anterior, eu utilizei um gatilho mental, pedi para que imaginasse uma situação. Recorda quando falei sobre a importância dessa técnica no capítulo 5?

Agora, voltando ao assunto: estabeleça um valor, mesmo que pequeno, para investir no marketing relacional ou, como gosto de chamar, no marketing de encantamento, e faça algumas "loucuras" para deslumbrar. Treine e dê autonomia para sua equipe usar o recurso no momento certo. E, assim como nos exemplos citados, a surpresa chama

---

68 *Ibidem.* p. 106.

atenção. Imagine a repercussão nas redes sociais se você enviar uma limusine para buscar um cliente especial. Até uma mídia espontânea na imprensa pode lhe render.

Se você deseja que sua empresa seja notada, percebida, admirada e multiplicada, tenha duas coisas em mente:

- Faça o básico bem feito. Entregue o produto ou serviço exatamente como prometeu (ou melhor!);
- Ouse fazer algo que seja especial e vá além do trivial para alguns clientes. Provavelmente, esses consumidores multiplicarão essa experiência diferenciada para muitas pessoas que passarão a conhecer ou admirar ainda mais a sua empresa.

Um grande benefício ao atender com excelência e superar as expectativas dos consumidores é que, quando o encantamento é maximizado, o fator preço é minimizado. Geralmente, o cliente guarda na memória um atendimento espetacular por muito mais tempo do que se lembra do preço pago pelo produto ou serviço.

> **"Quando o encantamento é maximizado, o fator preço é minimizado."**

Repare que, nos casos relatados neste capítulo, mais do que vender, o foco estava em servir com maestria, em atender com excelência e superar a expectativa do consumidor. Surpreenderam, encantaram e conseguiram não só novos clientes, conquistaram fãs. A venda e a fidelização surgem como consequência natural, e atitudes assim favorecem o marketing orgânico da empresa.

As surpresas para o cliente, além de despertarem o tão almejado "UAU", agradam e encantam o freguês e impulsionam as suas vendas.

Para finalizar este capítulo, deixo aqui uma sugestão que irá inundar sua mente de ideias e práticas que gerem nos seus clientes o tão desejado UAU. Reúna sua equipe, compartilhe as histórias e exemplos relatados neste capítulo e incentive que eles compartilhem sugestões para implementar na empresa.

A ARTE DE ENCANTAR CLIENTES

REFLEXÕES

Reflexões propostas	Respostas
Como você surpreende o seu cliente?	
Você treina e empodera sua equipe para surpreender os clientes diariamente?	
O que faz o seu cliente, atualmente, dizer "UAU"?	
Reúna sua equipe e peça que eles apresentem ideias para aumentar o nível de UAU – encantamento de clientes. Anote essas ideias ao lado.	
Você reserva alguma quantia mensal para as "surpresas memoráveis"?	

SURPREENDER CLIENTES

Reflexões propostas	Respostas
Das práticas apresentadas neste capítulo, quais você já aplica para surpreender clientes?	
Quais pode passar a adotar para superar as expectativas dos seus clientes?	
Após reunir a equipe, selecione as melhores ideias, separe as viáveis para implementação e as registre aqui, classificando-as como possíveis de execução a curto, médio e longo prazo.	
Ideias	

165

O poder do encantamento

capítulo 09

Os capítulos anteriores foram dedicados a evidenciar vários exemplos de como o empreendedor pode criar experiências significativas e encantadoras para seu público-alvo. Todo esse aprendizado foi baseado no método S.T.A.R.S., e, assim, foi possível comprovar os benefícios que existem quando se tem um funcionário selecionado assertivamente, bem treinado, avaliado acertadamente, adequadamente reconhecido e direcionado para surpreender clientes.

Quem ainda não gostaria de ver, além dos próprios funcionários, clientes, pessoas comuns, elogiando e multiplicando de modo favorável a sua marca e seu negócio?

O método empreendedor S.T.A.R.S. possibilita justamente o encantamento de clientes em cinco passos relativamente simples que tornam a experiência tão positiva que o próprio consumidor faz questão de compartilhar a jornada. Dessa forma, muitos outros potenciais compradores ficarão sabendo e poderão se interessar pela marca e querer conhecer ou comprar seus produtos e serviços.

Note que é melhor um cliente falar bem do negócio do que o próprio vendedor da empresa elogiar. Do vendedor, pode-se desconfiar, pensando que o funcionário claramente falaria bem como parte de suas atribuições. Um testemunhal de consumidor, por sua vez, pode ser extremamente benéfico, pois tende a uma estratégia que passa mais confiança e gera novos negócios.

A ARTE DE ENCANTAR CLIENTES

A tecnologia a favor do encantamento

Internet: aliada ou inimiga da sua empresa?

De acordo com uma pesquisa realizada em 2019 pela Confederação Nacional de Dirigentes Lojistas (CNDL) e pelo Serviço de Proteção ao Crédito (SPC Brasil),[69] 97% das pessoas pesquisam on-line antes de comprar. Esse levantamento investigou o perfil e os hábitos de compra de consumidores digitais de todas as 27 capitais brasileiras.

Se, antigamente, havia uma diferenciação concreta entre o on-line e o off-line nas estratégias de venda, a crescente integração entre os dois meios tem diluído cada vez mais essas fronteiras. É cada vez mais fácil compreender como a tecnologia e a internet tem impulsionado de modo exponencial as opiniões e avaliações dos clientes sobre empresas e experiências.

Já reparou como nós, como clientes ou potenciais compradores, ao pesquisar na internet, acabamos confiando e tomando várias decisões de compra baseadas em opiniões de pessoas que a gente nem conhece?

Veja, a seguir, dois exemplos meus, o primeiro negativo e o segundo positivo, para que você reflita sobre decisões marcantes que tomamos baseados em comentários postados na internet sobre um produto e uma empresa.

Lembro que, durante os meses mais frios daquele ano, chegava em casa à noite e as meninas estavam tremendo de frio no sofá da sala. Minha esposa, então, me pediu para que eu comprasse um aquecedor de ambientes com o intuito de esquentar a sala e amenizar o frio.

Eu, querendo resolver rapidamente a situação, abri o meu laptop e, como quase todo mundo faz, pesquisei no buscador: "aquecedor de ambientes".

Apareceu como primeira opção uma imagem de um aquecedor que parecia interessante e que estava com um preço acessível. Eu já estava pronto para clicar no "efetuar a compra", mas, sabiamente, chamei a

---

69 97% DOS internautas buscam informações online antes de comprar em lojas físicas, revela pesquisa CNDL/SPC Brasil. **E-commerce Brasil**, 25 jul. 2019. Disponível em: https://www.ecommercebrasil.com.br/noticias/97-dos-internautas-buscam-informacoes-online/. Acesso em: 3 jul. 2021.

minha esposa para avaliar e dizer a sua opinião. Ela então sugeriu que lêssemos as opiniões de quem já havia comprado o produto. Ao clicar, pudemos ler três avaliações de pessoas que compraram o mesmo aparelho.

1ª avaliação:
Não esquenta o ambiente todo.

2ª avaliação:
Esse aquecedor é uma fria.

3ª avaliação:
Não comprem esse aquecedor. É simplesmente jogar dinheiro fora.

Fabiana olhou para mim e disse: "Erik, é esse aquecedor que você está pensando em comprar?". Nós rimos e, logo em seguida, iniciamos a busca por um produto mais bem avaliado pelos compradores.

Repare, nós não conhecíamos o produto nem as três pessoas que o avaliaram, mas, baseados na opinião daqueles clientes insatisfeitos, tomamos a nossa decisão.

Esse é um exemplo de como a internet pode propagar um mau atendimento ou, como nesse caso, alardear a ineficiência de um produto e como isso impacta os resultados da sua empresa.

O segundo caso é positivo e ocorreu no verão de 2018. No capítulo anterior, contei como fomos encantados e surpreendidos positivamente pela equipe de um resort na Bahia. De fato, a gentileza logo na área de desembarque do aeroporto foi um brilhante cartão de visitas. Mas agora eu vou relatar como nossa família ficou conhecendo esse hotel.

Certo dia, cheguei em casa à noite e contei para Fabiana que eu havia sido contratado para apresentar uma palestra em Porto Seguro. Até aí, tudo normal. Mas confesso que ela não ficou muito feliz quando disse que a apresentação seria em um domingo. Há muito tempo, eu evito agendar eventos aos domingos para poder curtir ao máximo esse dia em família. Rapidamente, percebi a insatisfação e dei a ideia de fazer daquela viagem de trabalho um momento de lazer: convidei-a para ir comigo e levar as crianças para curtir um fim de semana inteiro na Bahia.

Ela sorriu, me deu um beijo, prontamente aceitou o convite e enfatizou que iria fazer uma busca criteriosa na internet para escolher um lugar bem bacana para nossa estadia.

Foi engraçado, porque, no dia seguinte, cheguei em casa e a esposa estava toda animada com a viagem para Porto Seguro. Entusiasmada, me disse que havia pesquisado e escolhido um hotel para hospedar a família e foi logo me mostrando as imagens do resort.

Eu confesso que fiquei impressionado, as fotos eram lindas, o hotel ficava de frente para o mar, as opções de lazer eram incríveis, os quartos pareciam ser superconfortáveis e o sistema era *all-inclusive*. Pensei por alguns segundos em como seriam ótimas essas miniférias, mas também refleti sobre o preço que seria cada diária. Pensei: *E agora, como fazer para ela desistir daquele hotel sem decepcioná-la?* Lembrei-me então, daquela pesquisa para comprar o aquecedor do ano anterior e como as avaliações negativas nos fizeram desistir da primeira opção de produto.

Sugeri a ela pesquisar em sites especializados, como o Tripadvisor. com – um site de viagens que fornece informações e opiniões de conteúdos relacionados ao turismo –, a opinião de pessoas que já haviam se hospedado lá para só então decidirmos sobre a reserva ou não daquele hotel.

Ela clicou, e eu pude ler:

1ª avaliação:
Lindo, muito melhor do que as fotos.

2ª avaliação:
Foi SENSACIONAL!

3ª avaliação:
Atendimento incrível, melhor lugar do mundo!

Adivinha onde ficamos hospedados?

Observe novamente: eu não conhecia o resort nem os três hóspedes que avaliaram o hotel, mas, de novo, baseado na opinião daqueles clientes, tomamos a nossa decisão. E realmente foi encantador.

Essas duas situações ilustram como a internet amplifica muito as relações empresa-cliente e pode impulsionar de modo exponencial a organização que implementa o atendimento extraordinário e espetacular.

Com frequência, vale a pena você fazer uma pesquisa na internet simulando a busca de um cliente que procura o que você vende ou produz e verificar os resultados da busca. Dessa maneira, você verá como sua empresa está sendo apresentada e poderá imaginar como será a imagem que o cliente formará ao conhecer o seu negócio. Esse é um ótimo exercício para também observar o que a concorrência está fazendo, conhecendo práticas que você pode adotar e melhorar!

Em abril de 2018, fui à Punta del Este, no Uruguai, para apresentar uma palestra sobre vendas e atendimento ao cliente no Congresso da Associação Brasileira de Administradoras de Consórcios – ABAC. Nesse mesmo evento, também palestrou o saudoso amigo e palestrante Tom Coelho. Ao fim das apresentações, fomos conversar e tomar um café no hotel, e Tom disse a seguinte frase: "Somos ótimos para atrair e péssimos para amar". Nunca mais a esqueci. No dia, conversamos sobre como muitas pessoas são exímias conquistadoras, mas nada eficientes na hora da manutenção positiva da relação.

E isso também acontece no mundo corporativo: quantas vezes uma empresa faz mundos e fundos para atrair, por vezes, com uma oferta incrível que conquista um consumidor, e depois praticamente o abandona, sem investir na continuidade? Aliás, um caso semelhante a isso aconteceu comigo. Fui, por muitos anos, assinante assíduo de um grande jornal impresso de circulação nacional, recebia os exemplares em casa e não começava o dia sem antes ler aquelas páginas. Um dia, estava assistindo à televisão e vi um comercial de uma nova promoção: o jornal estava oferecendo cinco carros importados para quem se tornasse cliente da marca.

Peguei o telefone na hora, liguei para o número informado e perguntei como poderia concorrer ao carro dos meus sonhos. E a atendente, ao me perceber empolgado, perguntou se eu já era cliente do jornal. Respondi que sim, havia mais de dez anos! E aí veio o balde de água fria: ela disse que então eu não poderia participar do sorteio, a promoção era apenas para clientes novos. Eu insisti, perguntando, então, se havia alguma promoção ou brinde para quem já era cliente frequente, e ela respondeu negativamente.

Fiquei muito decepcionado naquele dia e, tempos depois, não renovei a assinatura do periódico. Esse exemplo pode ilustrar como algumas empresas se concentram tanto em vender e angariar novos clientes que se esquecem do depois e não investem na manutenção dessa audiência. Essa desatenção acaba por desprestigiar quem as prestigia e apoia há mais tempo.

Quando uma organização presta um atendimento de excelência e frequentemente age para reforçar a manutenção desse relacionamento, acaba por gerar uma maior cumplicidade com o cliente, o que aumenta consideravelmente as chances desse consumidor se transformar em fã da marca.

Migrando da era transacional para a era relacional

A pandemia evidenciou um comportamento novo das empresas de sucesso: elas migraram da era transacional para a relacional, ou seja, além de terem um forte propósito de marca, não veem o cliente apenas como um cifrão, importando-se verdadeiramente com a sua dor.

Essas marcas entenderam que investimentos em sistemas, softwares, robotização, inteligência artificial, câmeras e tantas outras tecnologias usadas para atender o consumidor – que, cada vez mais, tem uma presença multicanal – não devem afastar as relações humanas e o propósito maior, que é atender, encantar e fazer com que o consumidor saia melhor do que entrou.

Aposte no relacionamento com os clientes. Mais do que pensar somente nos índices de venda ou no comissionamento, é imprescindível que o empreendedor perceba o cliente como um parceiro de negócio, até como uma espécie de divulgador da marca. Para chegar tão longe na jornada de consumo, algumas coisas não podem faltar para o cliente: ele deseja ser atendido com respeito, cuidado, atenção, gentileza, empatia e precisa sentir que a marca está efetivamente engajada com a sua causa e comprometida em resolver assertivamente o seu problema.

"Boas experiências acontecem quando o cliente vai embora melhor do que chegou. O resultado é consequência."

Não menospreze quem já foi conquistado.

O pós-venda que perpetua a relação

Pense e responda: o que você faz para o cliente depois que ele comprou, pagou e recebeu o produto? Se, além de agradecê-lo, não tem feito nada, cuidado! Você está deixando uma grande brecha para a concorrência agir e tomar esse consumidor da empresa.

O atendimento foi ótimo, a experiência de compra foi excelente, e a venda está concluída. Que ótimo, agora não se esqueça do pós-venda.

Uma pesquisa divulgada pela PWC[70] mostrou que uma boa experiência faz toda a diferença na hora do cliente escolher entre uma marca ou outra e revelou que, para mais de 80% dos consumidores brasileiros, fatores como velocidade, conveniência e um atendimento prestativo são muito importantes. A pesquisa revelou ainda que uma experiência personalizada pode render belas contrapartidas para as empresas, como, por exemplo, a possibilidade de cobrar até 23% a mais pelo produto ou serviço ofertado.

Mais do que comprar, as pessoas desejam ser percebidas de maneira exclusiva e sentir que são especiais de alguma maneira. O cliente do mundo atual almeja protagonizar um momento diferente, especial e marcante ao consumir determinada marca, produto ou serviço. É necessário algo mais sensorial, que mexa com os cinco sentidos e remeta a algo que cause satisfação, bem-estar, alegria e prazer.

É preciso inovar nas práticas para conquistar os consumidores e adotar novos processos para surpreendê-los. Surpreender é conseguir fazer mais do que ele espera. É tornar uma simples visita uma grande experiência. A venda? Essa será uma consequência.

Algumas empresas andam muito bem até efetuar a venda, mas, depois, literalmente esquecem que o cliente existe. Avançar no relacionamento com o freguês, fidelizar o comprador, consultar índices de satisfação ou tirar dúvidas sobre a aquisição, resolver problemas com os produtos e serviços contratados, pedir um feedback sobre o atendimento, solicitar um depoimento sobre aquela experiência de

---

70 EXPERIÊNCIA é tudo: descubra o que realmente importa para o seu cliente. **PWC Brasil**, 2018. Disponível em: https://www.pwc.com.br/pt/consultoria-negocios/assets/experiencia_e_tudo_18_.pdf. Acesso em: 3 jul. 2021.

compra, sugerir novas aquisições e fortalecer a marca na mente do cliente são alguns dos principais objetivos de um pós-venda eficiente e efetivo.

Toda empresa ou profissional do atendimento sabe – ou deveria saber – que o pós-venda é fundamental para a manutenção da relação com o cliente. Quando bem aplicado, se torna uma grande vantagem competitiva, pois muitos sabem que é necessário, mas poucos o aplicam.

Uma vez, estava no shopping com a família, e um empreendedor, colega na infância e atualmente dentista na cidade onde moro, me parou e disse: "Erik, você sempre dá tantas dicas para os empreendedores, por favor, veja se consegue me ajudar. Estou sentindo que o movimento do consultório está caindo, qual dica poderia dar para melhorar a performance da minha empresa?".

De pronto, perguntei a ele: "Você tem percebido se os clientes retornam ou a maioria dos agendamentos é de clientes novos? Os pacientes antigos costumam retornar de quanto em quanto tempo?". Ele pensou por um momento antes de responder: "A maioria tem sido de clientes novos".

Aproveitei e emendei outra questão: "E o que você faz para seu cliente depois que ele comprou e pagou? Tem alguma ação de retenção, alguma campanha de indicação após o término de algum serviço? Faz algum contato pessoal com ele, por telefone ou e-mail? Nada? Nenhum? Cuidado, um concorrente pode se aproveitar dessa falha".

Ele sorriu, deu uma piscadinha e disse: "Já sei que preciso cuidar melhor do meu pós-venda".

Uma ligação para saber se está tudo bem e confirmar se o cliente ficou com alguma dúvida é uma ação simples que demonstra genuíno interesse e pode render uma nova venda, uma indicação para outro possível comprador ou, se não, pelo menos será uma forma de fortalecer a marca na mente do consumidor e deixar uma imagem positiva em relação a sua postura, cuidado e atenção.

Vou contar outra experiência que tive: seis meses depois de ter comprado um carro, o vendedor da loja de veículos que havia me atendido ligou, disse que era apenas para saber se eu estava gostando do carro, se tinha alguma dúvida na utilização dos opcionais, se a esposa gostou do espaço do porta-malas e se já havíamos feito alguma viagem com as meninas no novo "possante", enfim, ele queria checar se eu estava realmente satisfeito com a compra e se precisaria de alguma informação adicional.

Fiquei feliz e surpreso com o contato, respondi as questões, contei uma história engraçada que havia ocorrido em uma viagem recente; a conversa fluiu tão positivamente que, ao fim, comentei com ele que meu cunhado estava para trocar de carro e passei o contato para esse vendedor. Repare: um telefonema, três minutos de atendimento depois da venda concluída, e eu me senti especial com a ligação, ele ganhou um valioso feedback do veículo e ainda um contato novo para futuros negócios.

Um belo exemplo de como um pós-venda pode ser simples, agradável e, ao mesmo tempo, produtivo, não é mesmo? Agora, pense: qual foi a última vez que seu time de atendimento realizou ou com que frequência realiza contato, mesmo que por telefone, com os clientes que já adquiriram os produtos?

Mais do que vender, é preciso ter uma visão ampliada e estratégica do processo de atendimento e vendas, estudando o antes, agindo no durante e se relacionando no depois da transação para, dessa forma, as oportunidades e os negócios se tornarem constantes.

Portanto, não menospreze quem já foi conquistado. Encante e fidelize com um pós-venda atento, contínuo e de excelência.

Clientes ou fãs?

"Bandas têm fãs, artistas têm fãs, times e esportistas têm fãs. Fãs defendem e promovem seus ídolos e nunca os abandonam. Então, imagine o que acontece quando uma empresa ganha fãs." A frase é de Marcelo Gonçalves,[71] diretor da empresa Marka. Segundo ele, as principais diferenças entre consumidores normais e fãs de uma empresa são visíveis pelas atitudes. Listo a seguir para você analisar:

---

71 ESPECIALISTA dá dicas sobre como transformar clientes em fãs e como fidelizá-los. **Suafranquia.com**, 20 maio 2014. Disponível em: https://www.suafranquia.com/perfil/ conhecimento/especialista-da-dicas-sobre-como-transformar-clientes-em-fas-e-como -fideliza-los/. Acesso em: 3 jul. 2021.

Clientes	Fãs
Relação racional	Relação emocional
Ticket médio menor	Ticket médio maior
Reclama	Comenta sem detratar
Influenciado pelo preço e qualidade	Influenciado pelo lado afetivo
Compra da empresa	Relaciona com a empresa
Espera ser bem tratado	Quer ser cativado
Fala o necessário	Adora interagir e opinar
Relação de consumo	Relação de confiança
Deseja solucionar o problema	Quer se sentir especial
Compartilha as ações da empresa	Compartilha do propósito da marca
Divulga a marca	Tatua a marca

Bandas musicais, artistas, times de futebol e atletas são alguns exemplos de marcas ou personalidades que não possuem apenas clientes ou torcedores, possuem fãs.

Agora, pense: por que uma pessoa ficaria horas na fila para comprar um celular? Por que um indivíduo tatuaria a marca de uma empresa em seu corpo?

A resposta é simples: essas pessoas não se veem como apenas clientes. Marcas como Apple, Nike, Barcelona F.C., Coca-Cola, Starbucks e Harley-Davidson não possuem consumidores, possuem fãs e, por isso, também podem ser chamadas de Lovemarks. Mais do que queridas, são amadas, idolatradas e defendidas pelos seus consumidores. Mas não pense que somente as grandes multinacionais e estrelas internacionais possuem admiradores. Lembre-se do pediatra, da ortodontista, da loja de roupas, do hotel e do resort – todos já citados anteriormente –, que não são marcas mundiais, mas possuem fãs.

Para sua empresa realmente se destacar no mercado, precisa focar além do faturamento e cultivar admiradores entre os clientes. Pensar em como seu produto ou serviço pode conquistar fãs por meio de um atendimento reconhecido pela excelência ou por um pós-venda efetivo e agregador é o caminho e investimento certo para criar um espaço privilegiado na mente e no coração do cliente.

A ARTE DE ENCANTAR CLIENTES

REFLEXÕES

Reflexões propostas	Respostas
A tecnologia tem sido uma aliada na propagação do seu negócio?	
Você faz, com frequência, uma simulação de pesquisa na internet, procurando o que você vende? Qual é o resultado dessa pesquisa? Quais pontos vocês podem melhorar e quais podem exaltar?	
Você faz alguma campanha para colher testemunhais dos consumidores mais satisfeitos? Se não, como você poderia colocar essa campanha em prática?	
Você promove ou divulga, com a devida autorização, os testemunhais mais incríveis enviados pelos clientes?	

O PODER DO ENCANTAMENTO

Reflexões propostas	Respostas
Quais ações de pós-venda você tem realizado para ampliar o relacionamento com o cliente?	
O que você faz para transformar clientes em fãs?	
Ideias	

Decolando nos negócios e na vida

capítulo 10

Uma empresa de sucesso, uma vida abundante

Sua empresa pode não ser a maior do ramo, mas, ao implementar o método S.T.A.R.S., poderá ser a que melhor atende e tem destaque no seu segmento. Encantar clientes, inspirar outros empreendedores e deixar um legado de atendimento exemplar é uma grande vitória.

O ato de atender com excelência – o encantamento de clientes internos e externos em busca de surpreender positivamente as pessoas – não pode ser algo ocasional, deve estar no DNA da empresa e ser enfatizado na cultura organizacional, ou seja, deverá ser objetivo destacado nos valores, na visão e na missão do seu negócio. Também deve estar claro para a equipe que é algo inegociável e que deve ser seguido por todos, do faxineiro ao presidente, e vivenciado por todos, dos novatos até os mais experientes. Com o passar do tempo, você verá que, não importa se o atendimento é presencial ou digital, a empresa permanecerá andando no trilho planejado rumo ao sucesso.

Quando a regra é clara, o caminho é tranquilo. Ao implantar os cinco passos do método S.T.A.R.S., você está criando as regras do jogo, montando um roteiro com o passo a passo para o sucesso empresarial em que o líder pratica, seleciona, ensina, compartilha, divide responsabilidades e acompanha o andamento dos processos, assim como um maestro observa e conduz sua orquestra.

Não caia na armadilha de achar que um empreendedor bom é aquele que trabalha vinte e quatro horas por dia e que acha que tudo precisa passar por ele. Vimos como esse é um ledo engano, trabalhar sem parar o deixará mais cansado do que produtivo. Lembre-se sempre de que a produtividade está mais ligada à intensidade e à qualidade do trabalho do que apenas ao número de horas dedicadas.

Um grande líder sabe que o tempo dedicado ao trabalho deve ser intenso, mas alternado com períodos de descanso, atividade física, relaxamento mental e momentos divertidos em família. O verdadeiro empreendedor contemporâneo já descobriu que tem a hora de atuar e a hora para repousar e, para isso, ele precisa delegar.

"O sucesso de um líder não é analisado pelo que ele pode fazer, mas pelo que sua equipe pode fazer sem ele."

Fred Lee

É chegada a hora da vitória. Acredite que você é capaz, comprometa-se com sua jornada e evolução. Certa vez, meu amigo e empresário Carlos Chaer disse uma frase que nunca mais esqueci: "Sonhar é fazer planos. Viver é ter coragem de realizá-los". Portanto, mesmo que sua caminhada seja de 100 quilômetros, a partir do momento que você der o primeiro passo, a jornada já será menor.

"Não adie sua conquista, a maratona começa com o primeiro passo. "

O empreendedor deve trabalhar em silêncio e deixar que o seu sucesso faça barulho. Vale lembrar que o aplauso do outro é importante, mas o aplauso mais impactante e transformador vem do nosso interior. Ele deve ser escutado dentro de nós. Claro que as palmas são bem-vindas, mas a aprovação mais importante deve ser percebida em nosso interior.

Há pessoas que se orgulham de dizer que não tiram férias há vários anos, outros se vangloriam ao bater no peito e falar que, sem eles, a empresa para de funcionar.

Eu acredito que, se você selecionar as pessoas certas, treinar a equipe assertivamente, avaliar da forma adequada, reconhecer e motivar

DECOLANDO NOS NEGÓCIOS E NA VIDA

continuamente seu pessoal, conseguirá sempre surpreender clientes internos e externos. Essa atitude construirá uma cultura organizacional sólida que permitirá que as lideranças deleguem, acompanhem e mantenham o bom andamento dos negócios ao dar confiança e autonomia para as equipes. Além de ser um empreendedor com êxito profissional, você conseguirá também aproveitar a caminhada da vida em sua plenitude, saborear o sucesso empresarial sem precisar abrir mão de curtir momentos intensos e especiais ao lado das pessoas que você mais ama.

Reflita sobre a frase a seguir, contida no livro mais vendido de todos os tempos, com mais de 5 bilhões de cópias vendidas e distribuídas de acordo com o Guinness World Records: a Bíblia.

*"Do que vale você ganhar o mundo inteiro
e perder a sua alma?"*

Marcos 8-36[72]

Mais do que uma carreira de sucesso, a passagem terrena deve almejar uma vida abundante, que busca a própria realização, mas que também colabora para a felicidade dos outros.

Mesmo com o êxito empresarial, uma melhor condição financeira, o prestígio e o reconhecimento público que um negócio de sucesso pode lhe propiciar, a vida só será plenamente farta se você puder usufruir dessas conquistas.

Encontro com o gênio da lâmpada mágica

Pare e pense: como você quer ser visto daqui a dez anos? Ficaria feliz por ter se tornado um empresário de sucesso, mesmo que às custas da sua felicidade e de sua família? Ou seria melhor ser um empreendedor vitorioso e também feliz? Antes de tentar responder, leia a história a seguir:

---

[72] MARCOS 8. **Bíblia On-line**, 2009-2021. Disponível em: https://www.bibliaonline.com.br/nvi/mc/8/36. Acesso em: 6 jul. 2021.

A ARTE DE ENCANTAR CLIENTES

Certo dia, dois empreendedores caminhavam por uma rua quando um gênio da lâmpada mágica apareceu e concedeu um pedido para cada um. O gênio ainda alertou que deveriam pensar bem antes de escolher o desejo, pois o sonho seria realmente realizado.

O primeiro empreendedor apressou-se a dizer que já tinha um desejo em mente e que queria fazer logo o pedido. Ele então sonhou, desejou e disse ao gênio: "Eu quero me tornar o empresário mais rico do mundo". E o desejo se realizou.

Chegou a vez do segundo empreendedor. Ele pensou, sonhou, desejou e fez o seu pedido. E o desejo se realizou.

Após algum tempo, o primeiro empreendedor realmente havia se tornado o mais endinheirado do planeta, mas, mesmo assim, ficou incomodado ao descobrir que o segundo estava vivendo ainda mais feliz do que ele.

Inconformado, foi ao encontro do outro, queria saber o que ele havia pedido ao gênio que era tão grandioso e espetacular que lhe causava tamanha satisfação e bem-estar. Assim que o encontrou, logo perguntou: "Eu sou o empresário mais abastado do mundo, como você pode ser mais feliz do que eu? O que você escolheu naquele dia? Qual foi o seu pedido ao gênio?".

E o segundo empreendedor respondeu, humildemente: "Eu sonhei, desejei e pedi ao gênio para ser FELIZ".

Algumas pessoas percorrem uma vida inteira correndo atrás de dinheiro e sucesso sem perceber que essa busca pode cegar e nos afastar da verdadeira realização.

"Não busque apenas bens materiais e o sucesso. Almeje a felicidade."

Eu desejo profundamente que seu negócio decole, cresça, torne-se uma grande corporação e que lhe renda muitos frutos, inclusive financeiros. Mas espero, de todo meu coração, que você guarde em sua mente e no seu coração estes dois últimos pensamentos:

1. O melhor empreendedor não é aquele que ganha milhões. É aquele que é feliz e faz o outro feliz.

Acredite, não há nada melhor do que ter quem o acompanhe na felicidade.

2. Há ganhos que não são materiais.

Respeito aqueles empresários que defendem que o sucesso só virá se a gente trabalhar dezoito ou vinte horas por dia, mas penso diferente. Eu acredito que quantidade não é qualidade, aposto na intensidade. Nas horas em que estiver trabalhando, seja intenso, entregue o seu melhor, mas saiba parar e viver fora do empreendimento. Utilize os conhecimentos deste livro e atue com excelência não só na empresa, mas também na vida pessoal. Lembre-se de que não se pode resumir tudo a ganhos materiais. Aliás, se somente o trabalho traz felicidade, é sinal de que alguma coisa pode estar errada. Não deixe de curtir a vida ao lado de pessoas especiais, afinal o tempo não espera ninguém.

"Alguns ganhos não são materiais."

Celebre com sua equipe, comemore com seus clientes, festeje com sua família, viaje com as pessoas que ama e esteja presente em cada momento da sua existência, não espere para ser feliz amanhã. Entregue o seu melhor hoje, tenha paixão pelo agora e viva intensamente.

A ARTE DE ENCANTAR CLIENTES

REFLEXÕES

Reflexões propostas	Respostas
Com tudo o que aprendeu aqui, como você pode aplicar o método S.T.A.R.S. em sua empresa?	
O que você ainda precisa fazer para inserir os cinco passos S.T.A.R.S. no DNA da sua organização?	
Além de a empresa decolar, quais desejos familiares e pessoais ainda sonha realizar?	
Imagine-se daqui a dez anos: o que aconteceu com sua empresa? Como está usufruindo o sucesso empresarial que conquistou?	

DECOLANDO NOS NEGÓCIOS E NA VIDA

Reflexões propostas	Respostas
É melhor ser o empresário mais rico do mundo ou ser uma pessoa feliz?	
Qual exemplo mais o marcou ou ajudou na caminhada empreendedora? Qual história ou frase contida neste livro você mais apreciou?	
Ideias	

UM PEDIDO ESPECIAL

Eu adoraria escutar a sua história, saber a sua opinião e aprender com as experiências que você vivenciou. Se possível, me envie um e-mail contando qual foi o exemplo que mais chamou sua atenção, a frase que mais apreciou, a história que mais gostou ou o principal ensinamento que colheu neste livro. Se souber de algum bom caso de encantamento ao cliente, compartilhe comigo:
contato@erikpenna.com.br @erikpennapalestrante

Desde já, lhe agradeço imensamente!
Que Deus lhe abençoe e inspire as suas novas práticas.
Agora é com você. Mãos à obra!

Referências bibliográficas

ACHOR, S. **O jeito Harvard de ser feliz**: o curso mais concorrido da melhor universidade do mundo. São Paulo: Saraiva, 2012.

CARLZON, J. **A hora da verdade**: a história real do executivo que delegou poder às pessoas na linha de frente e criou um novo conceito de empresa focada nos clientes. Rio de Janeiro: Sextante, 2005.

CARNEGIE, D. **A vida é curta, que seja ótima!** Rio de Janeiro: Best Seller, 2020.

CAPPELLI, P. **A difícil tarefa de contratar a pessoa certa**: o mito das habilidades que não existem. Rio de Janeiro: Elsevier, 2013.

CAPODAGLI, B.; JACKSON, L. **O estilo Disney**: como aplicar os segredos gerenciais da Disney à sua empresa. São Paulo: Benvirá, 2017.

CAVALCANTI, V. L. *et al*. **Liderança e Motivação**. Rio de Janeiro: Editora FGV, 2009.

CIALDINI, R. **As armas da persuasão**: como influenciar e não se deixar influenciar. Rio de Janeiro: Sextante, 2012.

COCKERELL, L. **Criando magia**: 10 estratégias de liderança desenvolvidas ao longo de uma vida na Disney. São Paulo: Benvirá, 2017.

COCKERELL, L. **A magia do atendimento**: As 39 regras essenciais para garantir serviços excepcionais. São Paulo: Benvirá, 2013.

COLLINS, J. **Empresas feitas para vencer**: por que algumas empresas alcançam a excelência... e outras não. Rio de Janeiro: Alta Books, 2018.

CONNELLAN, T. **Nos bastidores da Disney**: os segredos do sucesso da mais poderosa empresa de diversões do mundo. São Paulo: Saraiva, 2010.

DAYSLEY, B. **Alegria de trabalhar**. Cascavel: Editora Alfacon, 2019.

DISNEY INSTITUTE. **O jeito Disney de encantar clientes**: do atendimento excepcional ao nunca parar de crescer e acreditar. São Paulo: Benvirá, 2012.

DUHIGG, C. **O poder do hábito**. Rio de Janeiro: Objetiva, 2012.

GALLÓ, J. **O poder do encantamento**: as lições do executivo que, partindo de oito lojas, transformou a Renner em uma empresa de bilhões de dólares. São Paulo: Planeta Estratégia, 2017.

GERBER, M. **O mito do empreendedor**. São Paulo: Fundamento, 2011.

GRÜN, A.; DONDERS, P. **Valorização pessoal e profissional**: o poder inspirador do reconhecimento. Petróplis: Vozes Nobilis, 2015.

KAWASAKI, G. **Encantamento**: a arte de modificar corações, mentes e ações. Rio de Janeiro: Alta Books, 2012.

KAWASAKI, G. **A arte de começo 2.0**: o guia definitivo para iniciar seu projeto ou startup. Rio de Janeiro: Best Business, 2018.

LEE, F. **Se Disney administrasse seu hospital**: 9 ½ coisas que você mudaria. Porto Alegre: Grupo A, 2008.

LIPP, D. **Academia Disney**: o programa de treinamento de uma das mais poderosas marcas do mundo. São Paulo: Saraiva, 2014.

PERCY, A. **As vantagens de ser otimista**: um kit de sobrevivência para tempos difíceis. Rio de Janeiro: Sextante, 2013.

REIS, A.; VIEIRA, E. **O mapa do seu negócio:** como empreender no rumo certo. São Paulo: Évora, 2017.

SAINT-EXUPERY, A. **O Pequeno Príncipe com ensinamentos de Jesus e da Bíblia.** Rio de Janeiro: Petra, 2016.

SEGALL, K. **Incrivelmente simples**: a obsessão que levou a Apple ao sucesso. Rio de Janeiro: Alta Books, 2017.

SELIGMAN, M. **Aprenda a ser otimista**: como mudar sua mente e sua vida. Rio de Janeiro: Objetiva, 2019.

SENOR, D.; SINGER, S. **Nação empreendedora**: o milagre econômico de Israel e o que ele nos ensina. São Paulo: Évora, 2011.

TRACY, B. **O ciclo do sucesso**: como descobrir suas reais metas e chegar aonde você quer. Rio de Janeiro: Alta Books, 2019.

Este livro foi impresso pela Edições Loyola em
lux cream 70g **em março de 2024**